TEORIA GERAL
DO ESTADO

CAMILO ONODA CALDAS

TEORIA GERAL DO ESTADO

2ª EDIÇÃO

Direção Editorial:
Marlos Aurélio

Conselho Editorial:
Fábio E. R. Silva
Márcio Fabri dos Anjos
Mauro Vilela

Coordenador da Série:
Alysson Leandro Mascaro

Copidesque e Revisão:
Luiz Filipe Armani
Pedro Paulo Rolim Assunção

Diagramação e Capa:
Tatiana Alleoni Crivellari

Ilustração da capa:
Écrasez l'infâme
Gravura de Alysson Leandro Mascaro

Série Direito & Crítica

Todos os direitos em língua portuguesa, para o Brasil,
reservados à Editora Ideias & Letras, 2025.

2ª edição
3ª impressão

Rua Oliveira Alves, 164
Ipiranga – São Paulo/SP
Cep: 04210-060
Televendas: 0800 777 6004
Editorial: (11) 3862-4831
vendas@ideiaseletras.com.br
www.ideiaseletras.com.br

Dados Internacionais de Catalogação na Publicação (CIP)
(Câmara Brasileira do Livro, SP, Brasil)

Teoria geral do Estado/Camilo Onoda Caldas
São Paulo: Ideias & Letras, 2018.
Bibliografia.
ISBN 978-85-5580-038-2
1. Direito - Filosofia 2. Direito constitucional 3. Direitos humanos
4. Estado - Teoria 5. Estado de Direito 6. Estado democrático
7. O Estado 8. Organizações internacionais I. Mascaro, Alysson Leandro.
II. Título. III. Série.

18-12958   CDU-342.2

Índices para catálogo sistemático:
1. Estado: Teoria: Direito constitucional 342.2
2. Teoria do Estado: Direito constitucional 342.2

SUMÁRIO

PREFÁCIO   7

APRESENTAÇÃO   11

INTRODUÇÃO   15

1. CONSTITUIÇÃO E DESCONSTITUIÇÃO DOS ESTADOS   39

1.1. Estado: elementos constitutivos e conceito   40

    1.1.1. Soberania   41

    1.1.2. Território   46

    1.1.3. Povo   51

1.2. Formação e extinção dos Estados   56

2. ORGANIZAÇÃO DO ESTADO   63

2.1. Separação dos poderes   64

2.2. Forma de governo   67

2.3. Sistema de governo   70

2.4. Forma de Estado   73

2.5. Forma de intervenção do Estado na economia   81

2.6. Regime de governo   85

3. PODER DO ESTADO E SEUS PARÂMETROS JURÍDICOS E POLÍTICOS   91

3.1. Legalidade e legitimidade   92
3.2. Constitucionalismo e Estado de Direito   95
3.3. Direitos humanos e subjetividade jurídica   101
3.4. Grupos de pressão e direito das minorias   107
3.5. Reforma e revolução   116
3.6. Golpe de Estado   119

4. PARTICIPAÇÃO POLÍTICA INSTITUCIONALIZADA NO ESTADO   123

4.1. Democracia direta   124
4.2. Democracia semidireta   127
4.3. Democracia representativa   133
4.4. Mandato político   133
4.5. Partidos políticos   136
4.6. Sistemas eleitorais   140
4.7. Sufrágio   147
4.8. Elegibilidade e inelegibilidade   151

5. ESTADO NA ORDEM INTERNACIONAL   157

5.1. Globalização e relações interestatais   158
5.2. Estado e direito internacional   163
5.3. Organizações internacionais   167
5.4. Tecnocracia, Estado e capitalismo global   173
5.5. Tecnologias digitais globais e Estado   180

REFERÊNCIAS   185

PREFÁCIO

O leitor tem em mãos um livro especial. Trata-se da mais avançada obra didática para compreender um dos fenômenos sociais contemporâneos mais complexos: o Estado. O professor Camilo Onoda Caldas ensina neste livro tanto os assuntos fulcrais a respeito da questão estatal quanto as investigações de vanguarda sobre o tema.

Até hoje, muitos se desincumbem das explicações sobre o Estado repetindo chavões tradicionais, cujos argumentos são frágeis e mesmo absurdos. A mais utilizada dessas definições diz que o Estado é o "bem comum". Mas basta que o leitor reflita sobre o Estado no qual está inserido, o brasileiro ou qualquer outro. O ente estatal jamais garantiu o bem comum – nem pode promovê-lo, em sendo forma social do capitalismo –, e os milhões de explorados, todos eles cidadãos de algum Estado, servem de prova disso. É preciso saber as muitas definições tradicionais e insuficientes a respeito do Estado na história, mas também é necessário dar um passo adiante, para entendê-lo de modo mais profundo e apropriado. Para tanto, tenho insistido, em *Estado e forma política* e outras obras, na associação estrutural entre a forma política estatal e a forma mercadoria: capitalismo e Estado são necessários um ao outro e inextrincáveis, portando a mesma sorte. Camilo Onoda Caldas me acompanha nessa visão.

Várias leituras a respeito do Estado, menos óbvias que as dos chavões e definições tradicionais, sofrem ainda por conta de sua limitação. Tomemos o campo do direito, no qual muitos costumam definir o Estado a partir de suas referências jurídicas, como Hans Kelsen. Quando assim se o toma, o Estado é o que o direito disser sobre ele, bem como, de outro lado, o direito é o que o Estado disser sobre ele. Tais perspectivas são juspositivistas, isto é, resumem-se a definir o Estado e a elencar suas características a partir do direito normativamente posto. É preciso superar tais enquadramentos.

De outra qualidade são leituras que avançam na compreensão do Estado para além do juspositivismo, situando-o a partir do fenômeno do poder. Pensadores tão díspares quanto Carl Schmitt ou Michel Foucault alcançam, pelo poder como exceção à regra ou pela microfísica do poder, uma verdade da política que já não falseia seus pressupostos. Ocorre que, embora dotadas de concretude, estas leituras ainda não conseguem chegar às próprias determinações sociais específicas do Estado. Denomino tais vertentes como não juspositivistas.

Ao contrário das falsas leituras juspositivistas ou das limitadas e parciais visões não juspositivistas, somente se consegue compreender o Estado quando se trabalha com a totalidade social, da qual ele é um dos elementos fulcrais, e com suas determinações sociais específicas. O Estado é inexoravelmente ligado às relações de produção de tipo capitalista. Somente quando se atenta a esse liame é possível compreender sua realidade estrutural e material. No arco teórico que vai de Karl Marx a Joachim Hirsch, foram muitos os que avançaram nessa compreensão concreta sobre o Estado no capitalismo. Os debates acerca da derivação do Estado são pano de fundo da teoria crítica do Estado na atualidade, trabalhados por Caldas em seu *Teoria da derivação do Estado e do direito*.

Apenas com tal mirada mais alta e científica será então possível compreender aquilo que a disciplina teórica tradicionalmente conhecida por "Teoria geral do Estado" erige como seu conjunto de institutos próprios e consagrados. Caldas explica, com base material e crítica, os conceitos constitutivos e desconstitutivos do Estado – soberania, povo, território –, a organização do Estado – separação de poderes, forma e sistema de governo, forma de arranjo do Estado, intervenção econômica, regime de governo –, o poder de Estado – desde legalidade e legitimidade até grupos de pressão e direitos de minoria, chegando ainda aos temas da reforma, da revolução e do golpe de Estado –, as formas institucionalizadas de participação política – democracia e seus desdobramentos – e, ainda, o Estado no sistema internacional, na medida em que a forma política estatal, no capitalismo, se desdobra numa pluralidade de Estados.

Perguntará o leitor sobre a razão pela qual deva conhecer tanto os conceitos fundamentais quanto o que há de mais elaborado e profundo a respeito do Estado. Se for estudante de direito, é porque o Estado tem relação íntima e vital com as questões jurídicas, atravessando-as. Se for estudante das áreas de ciências humanas, é porque todas as instituições sociais e as formas da sociabilidade são constituídas e reconstituídas pelo Estado. E, em especial, a todo leitor, em qualquer área da vida, o interesse em conhecer mais avançadamente o Estado se dá porque estamos imbricados em suas estruturas. A política passa pelo Estado, tanto naquilo que ele afirma como naquilo que ele nega e reprime. Mas entender de modo mais rigoroso e atual a questão do Estado permite também saber os limites da própria política estatal, dos seus entrecruzamentos com os interesses do capital e com as contradições sociais. O propósito de saber melhor sobre o Estado é crítico: poder agir mais acertadamente na luta pela transformação política e social de nosso tempo.

Camilo Onoda Caldas, brilhante intelectual e pensador do direito, da filosofia e da política, revela notáveis habilitações para expor e desenvolver tais conceitos, tanto os fundamentais quanto os mais avançados, sobre o Estado. Suas pesquisas, desde muito jovem, orientaram-se a uma rigorosa e complexa reflexão sobre a natureza do Estado, do direito e da política no capitalismo. Seus estudos de mestrado e doutorado, tratando de autores como o italiano Umberto Cerroni e o alemão Joachim Hirsch, além das correntes teóricas do Derivacionismo, são basilares para sistematizar, em língua portuguesa, os debates contemporâneos da teoria crítica da política. Advogado de destaque, professor universitário de exemplar capacidade didática, Camilo Onoda Caldas é uma personalidade ímpar em termos de seriedade e rigor no trato dos assuntos da teoria. Fui seu orientador tanto em sua graduação quanto em sua pós-graduação e tenho a alegria de tê-lo, já há décadas, compartilhando comigo atividades e horizontes acadêmicos, pesquisas e reflexões.

Este livro que o leitor agora começa a ler, *Teoria Geral do Estado*, é tanto a melhor obra didática já escrita no Brasil sobre o assunto quanto também é uma prova de que o gênio teórico e a clareza didática, em excepcionais casos, se encontram.

São Paulo, 2018.

Alysson Leandro Mascaro
Professor da Faculdade de Direito da USP

APRESENTAÇÃO

Esta obra trata de Teoria Geral do Estado (TGE) e possui duas partes com níveis de complexidade bastante distintos. Portanto, para quem inicia o estudo de TGE a partir deste livro, as observações abaixo são extremamente relevantes.

Na introdução, apresento um panorama a respeito das teorias do Estado contemporâneas e procuro relacioná-las com a filosofia e a teoria geral do direito. Para aqueles que fazem desta obra uma primeira leitura sobre o Estado, as discussões desta parte inicial podem parecer complexas, razão pela qual faço duas recomendações que podem ajudar na sua compreensão: a primeira é reler esta introdução após ter lido os capítulos; a segunda é consultar as obras indicadas ao final de cada um dos capítulos desta obra, com destaque para a obra *Filosofia do Direito*, escrita pelo professor Alysson Leandro Mascaro, na qual os três caminhos da filosofia do direito contemporâneo são explicados detalhadamente.

Portanto, o objetivo precípuo da introdução é instigar o leitor a uma primeira reflexão a respeito da Teoria Geral do Estado de modo a mostrar como a compreensão do Estado exige o estudo de uma totalidade, portanto, faz-se necessário combinar conhecimentos de diversas áreas e a primeira delas é a filosofia.

Se após a introdução, o leitor se sentir instigado a ler o restante deste livro e, principalmente, se aprofundar no estudo das obras, autores e temas que menciono, o objetivo dessa primeira parte estará cumprido.

Os capítulos do livro, por sua vez, constituem um segundo momento da obra e possuem um nível de complexidade menor, assim, seu conteúdo é perfeitamente compreensível para quem está iniciando um estudo sobre o Estado ou não tem conhecimentos prévios sobre ciência política ou direito.

O principal objetivo dos capítulos é apresentar os conceitos básicos utilizados pelos autores de Teoria Geral do Estado. Ainda que predomine uma descrição bastante sintética das terminologias, tipologias, conceitos e classificações contemporâneas, são apresentados alguns elementos críticos que podem ajudar a compreender de maneira mais apurada o pensamento político-jurídico predominante na atualidade e a dinâmica de funcionamento do Estado. Enfatizo, portanto, que os temas escolhidos aqui se assemelham ao das demais obras sobre Teoria Geral do Estado, porém apresento reformulações de algumas classificações e terminologias comumente adotadas e apresento inquietações em torno de alguns lugares comuns existentes na TGE, pois considero que há muitas décadas alguns pontos vêm sendo repetidos de forma acrítica, ou seja, aponto que há questões que merecem ser repensadas e não apenas reapresentadas.

Procurei também evitar o que considero um equívoco comum em livros de Teoria Geral do Estado: a desordem temática fruto da ausência de um critério organizador. Essa é a razão pela qual entre as diversas obras de TGE existe uma abissal disparidade na disposição dos temas. Não considero que exista um único critério de ordenação, mas é possível notar que muitas vezes nenhum critério é adotado e isso leva a uma variabilidade prejudicial em termos didáticos. Assim, nesta obra, estruturei o conteúdo em cinco capítulos interligados entre si, cujo conteúdo interno de cada um também segue uma disposição intencional. Explico a seguir a lógica adotada para ordenação dos capítulos neste livro.

No primeiro, conceituo o que é o Estado (do ponto de vista de uma Teoria Geral), explico quais são seus elementos constitutivos e como se dá sua formação e extinção. Considero que o mais evidente é apresentar o objeto de estudo, as partes que lhe compõem e, em seguida, explicar as questões a respeito de seu surgimento e desaparecimento.

No segundo, trato da organização do Estado e de suas instituições correspondentes. Ou seja, uma vez compreendida as características gerais do Estado, expostas no capítulo anterior, estuda-se os modos particulares de organização do Estado e como isso implica em distintas instituições ou em alterações na funcionalidade destas. Essa exposição traz, por consequência, um conjunto de tipologias sobre o Estado.

No terceiro, explico como o poder estatal, organizado de diferentes modos e presente em diversas instituições (tema do segundo capítulo), se orienta pelos princípios de *legalidade* e *legitimidade*, ou seja, explico como a atividade estatal tem como parâmetro as normas jurídicas de um lado e um determinado nível de participação/consenso político de outro.

No quarto, exponho quais os instrumentos para tornar, em tese, mais legítimo o conteúdo das normas legais e das decisões administrativas. Portanto, trata-se de explicar como o discurso da *legitimidade* da atividade Estado, abordado no capítulo anterior, se constrói a partir de presença de formas institucionais de participação política.

No quinto, mostro como todo conjunto exposto anteriormente está inserido, necessariamente, no âmbito das relações internacionais e interestatais. Neste sentido, encerro mostrando que uma teoria sobre o Estado sempre deve considerar sua existência dentro de um conjunto de Estados, o que traz consequências na organização do Estado, na formação da legislação interna, na legitimidade de suas decisões etc.

Em suma, os capítulos realizam um movimento que permite ao leitor entender o que é o Estado, quais as partes que o compõe, quais seus princípios orientadores e como é sua dinâmica de funcionamento no âmbito interno e no âmbito externo (internacional).

Convido você leitor a mergulhar no universo de outros escritos sobre política, economia, direito e filosofia por meio das obras indicadas ao final deste livro e de cada um dos capítulos. Isso irá aumentar sua capacidade de entender os problemas sociais que se manifestam cotidianamente e, principalmente, os caminhos para solucioná-los.

Essa obra é resultado de um trabalho coletivo e agradeço a muitas pessoas que contribuíram, direta ou indiretamente, para sua realização, com destaque para a equipe da editora Ideias & Letras, responsável pela edição deste livro que integra o lançamento conjunto de outras obras da editora sobre direito, política e filosofia. Na impossibilidade de nominar individualmente cada um, compartilho meu sentimento com todos e todas manifestando meu agradecimento ao meu amigo Fernando Pereira e ao meu mestre Alysson Leandro Mascaro, a quem dedico esta obra.

INTRODUÇÃO

Elaborar uma teoria sobre o Estado exige a combinação de diversas ciências humanas, como história, economia, sociologia, direito e ciência política. Os conhecimentos existentes em cada uma dessas áreas, por sua vez, estão assentados em determinadas premissas filosóficas. Não existe teoria do Estado que não se relacione com a filosofia, no máximo, isso não se encontra explicitado em uma obra. Sendo assim, a multiplicidade de teorias sobre o Estado existentes na atualidade serão aqui explicadas a partir da exposição dos *três caminhos da filosofia do direito contemporânea*, divisão estabelecida pelo professor Alysson Leandro Mascaro. Conforme veremos, a teoria mascariana expõe três vertentes filosóficas distintas na contemporaneidade (o juspositivismo, o não juspositivismo e o marxismo) e julgamos que compreender cada uma delas é fundamental para entenderemos como as teorias sobre o Estado tem se desenvolvido ao longo dos séculos XX e XXI.

Apesar da filosofia tradicionalmente tratar a respeito do Estado, a concepção de uma Teoria Geral do Estado (TGE) foi desenvolvida no âmbito jurídico por intermédio dos pensadores do juspositivismo. A obra *Allgemeine Staatslehre* (traduzida como *Teoria Geral do Estado*) de Georg Jellinek, publicada em

1900, é o marco do surgimento de uma disciplina autônoma, distinta da Ciência Política (na qual o viés sociológico-empírico predomina) e do Direito Constitucional (no qual o viés normativista predomina). Os próprios cursos de direito incorporam essa distinção, estabelecendo três disciplinas que se inter-relacionam, mas estão formalmente separadas entre si: a Ciência Política, a Teoria Geral do Estado e o Direito Constitucional. A característica da Teoria Geral do Estado é não se ater aos aspectos particulares de cada unidade estatal e, portanto, conforme o nome indica, sua finalidade é estudar quais são os elementos comuns a todo Estado. Assim, é a partir da identidade dentro da multiplicidade que se constitui a Teoria Geral do Estado.

Jellinek pode ser classificado como pensador do juspositivismo eclético (nesta vertente inclui-se o jurista brasileiro Miguel Reale conhecido por sua teoria tridimensional do direito). Essa corrente do juspositivismo tem como característica pensar o direito como um dado cultural e, portanto, a forma e o conteúdo jurídico-estatal são considerados o amálgama de elementos históricos e éticos. Seguindo essas linhas, Jellinek afirma que não há Estado sem direito e vincula o direito aos fins do Estado, explicando que essa finalidade seria favorecer o desenvolvimento nacional, individual e solidário que possibilita evolução coletiva e progressiva de todos. Seguindo a toada do juspositivismo eclético, para o jurista alemão os interesses e valores comuns da sociedade somente poderiam se realizar por intermédio do Estado, e propiciar isso é a própria finalidade do Estado.

É notória a influência de Jellinek no debate da Teoria do Estado no século XX. Hans Kelsen, autor da famosa *Teoria pura do direito*, principal expoente do juspositivismo estrito no século XX, tinha Jellinek como um dos alvos de suas críticas. O juspositivismo estrito propõe, como condição do pensamento científico, que o estudo do fenômeno jurídico se restrinja ao seu aspecto puramente normativo. A pureza científica proposta por Kelsen consiste justamente em expurgar da ciência do direito e do Estado quaisquer elementos histórico-valorativos (presente no juspositivismo eclético/ético e no jusnaturalismo), afirmando que não compete ao pensamento científico jurídico dizer quais são os valores que devem orientar as finalidades do Estado. Assim, ao contrário de Jellinek, Kelsen isola de sua teoria qualquer elemento sociológico-empírico ou culturalista, razão pela qual, não por acaso, elimina qualquer dualidade entre o estatal e o jurídico, de modo que Estado e direito se tornam sinônimos na ótica da teoria jurídica kelseniana. Em suma, Kelsen dá um passo adiante no juspositivismo de Jellinek, que já concebera o Estado como uma ordem jurídica e já formulara uma teoria na qual a ciência sobre o Estado e direito ganhava uma relativa autonomia face às demais ciências, mas não realizara a cisão completa da Teoria do Estado face aos elementos históricos, culturais, finalísticos e valorativos.

Ao longo do século XX, inclusive no Brasil, desenvolveram-se teorias a partir dessa tradição e debate. Por exemplo, tornou-se lugar-comum adotar a concepção segundo a qual o Estado se define, no mínimo, por meio de três elementos constitutivos: soberania, povo e território. Partindo desse conjunto, o Estado é descrito como algo comum a todos os momentos da história nos quais se constata a existência de um núcleo de poder socialmente organizado. Deste modo, as teorias sobre o Estado gravitavam em torno de conceitos como poder soberano, representação política, povo-nação, território nacional etc. Tal forma de pensar traz consigo diversos elementos do pensamento jurídico juspositivista e um destacado apreço pelos métodos analíticos, conforme explicaremos a seguir.

Na perspectiva juspositivista, a soberania é pensada como um poder normativo, de determinar a lei. Ao mesmo tempo, o poder do Estado é visto como algo limitado pela normatividade existente, sobretudo pela Constituição, lei máxima do país.

Dentro dessa perspectiva é que se desenvolve a ideia de Estado como ente dotado de personalidade jurídica, ou seja, como sujeito de direito que figura numa relação jurídica com direito e deveres para com os demais. Para diluir uma perspectiva puramente formalista, afastando-se do positivismo estrito – representada por Hans Kelsen, que estuda a soberania em termos estritamente normativos e exclui a finalidade como elemento constitutivo do Estado –, adiciona-se um elemento finalista no Estado: a soberania tem como propósito o "bem comum" do povo. Quando a noção de "bem comum" identifica-se com a cultura historicamente existente, a teoria do Estado se inclina para um juspositivismo eclético – representado por Miguel Reale ou Jellinek –, que identifica direito e Estado como articulação de fatos, valores e normas por intermédio do poder. Quando o "bem comum" corresponde a uma eticidade racional – não necessariamente coincidente com a tradição cultural de um povo – que orienta construção do direito e das condições para a existência de diálogo e interação equânime entre os agentes, a teoria se aproxima de um juspositivismo ético – cujo maior representante contemporâneo é Jürgen Habermas.

O juspositivismo – um dos três caminhos da filosofia do direito contemporânea – sofre crítica de duas vertentes filosóficas, uma delas de cunho marxista e outra fundamentada especialmente na filosofia de Martin Heidegger, referência fundamental para Carl Schmitt e Michel Foucault, autores que se dedicaram intensamente a estudar as manifestações sociais do poder.

Uma das principais contribuições do pensamento schmittiano consiste justamente no estudo da soberania estatal. Ao contrário das correntes juspositivistas, para Schmitt soberano não é o que decide sobre a normalidade, mas sim sobre a exceção, ou seja, estabelecendo os próprios limites da legalidade (não por acaso, Schmitt terá uma teoria constitucional completamente diversa da teoria de Kelsen). Na teoria do direito, assume uma posição decisionista, invertendo a visão positivista: não é norma quem confere poderes; quem tem poder é que decide a norma e, principalmente, a exceção.

O pensamento juspositivista, quando se manifesta em termos de teoria do Estado, tem a tendência de rejeitar o pensamento schmittiano a partir da concepção de que o poder do Estado está limitado pela legalidade. Essa ideia é desmentida cotidianamente, quando se percebe, por exemplo, como os Tribunais superiores são quem determinam qual o significado dos textos normativos (portanto, o "dever ser" existente), conforme critérios que não são estritamente linguísticos, mas sim políticos. Para tentar explicar este fato, o juspositivismo recorre a dois tipos de argumentos do campo da hermenêutica jurídica: (i) somente o Tribunal estaria autorizado, pelo direito, a interpretar os significados dos textos normativos (trata-se da perspectiva kelseniana, segundo a qual toda interpretação dos Tribunais é autêntica); (ii) os Tribunais não afastam a aplicação das leis, apenas as interpretam segundo parâmetros axiológicos, ou seja, conformam a normatividade dentro de determinados valores (posição típica do juspositivismo eclético e ético).

Os aportes trazidos pela teoria foucaultiana a respeito da microfísica do poder se mostram muito mais profícuos para explicar a relação entre Estado e direito do que os contra-argumentos do juspositivismo acima expostos. Ainda que os juspositivistas acabem por reconhecer que a validade das normas depende de sua eficácia e que isto se relaciona com os núcleos de poder que existem socialmente, tais pensadores costumam recorrer à ideia de que "em última instância" a decisão é do Estado, portanto, seu poder é soberano e se sobrepõe aos dos demais agentes sociais. Foucault dissolve a ideia de que o Estado é soberano, sendo detentor do máximo poder em relação aos súditos. Na teoria foucaultiana, tanto os membros do Executivo, como os do Legislativo e do Judiciário, cada qual a seu modo e em determinada situação, são capazes do exercício do poder fora dos limites normativos, ou ainda, dito de outra maneira, estão aptos a estabelecer o que é o direito. O mesmo ocorre com outros espaços fora do Estado, no qual uma legalidade própria e operante se instala. Reforçando a premissa schmittiana, o êxito concreto no exercício do poder é que estabelece a ordem vigente e permite legitimar a ação, o que pode ocorrer por meio do discurso jurídico-legal ou não (isso ocorre, por exemplo, quando uma autoridade judiciária afirma que apenas está aplicando uma interpretação do direito, mas na realidade está apenas exercendo arbitrariamente o poder que detém).

Nesse ponto, os conceitos de *hegemonia* (vide Antonio Gramsci) e *aparelhos ideológicos* (vide Louis Althusser), são contribuições decisivas para o debate acima mencionado. É possível que o exercício do poder contrarie as determinações mais óbvias de um texto legal, contanto que esteja em conformidade com a ideologia predominante ou que constitua apenas um atrito pontual, não um choque com a estrutura do todo social. O grau de absorção de uma decisão política ou judicial está diretamente relacionado à sua afinidade com o bloco hegemônico – voltado à conservação da ordem – que exerce seu domínio sobre a totalidade social (econômica, política, cultural etc.). Ademais, a ideologia, não deve ser vista apenas uma forma idealizada de ver o mundo, mas sim como expressão de relações sociais materialmente constituídas que reproduzem essa mesma sociabilidade estabelecida. Por essa razão, a tentativa de se exercer o poder na contramão da ideologia encontra uma contratendência concreta, não apenas ideal.

As teorias baseadas no materialismo histórico de Karl Marx são conhecidas por estabelecer uma relação entre economia, direito e política. Dentre as diversas teorias, a melhor contribuição é oriunda de um conjunto de pensadores que foi capaz de identificar a relação entre forma mercadoria, forma jurídica e forma política. Esta vertente confronta-se, inclusive, com correntes mais difundidas do marxismo. Vejamos isso.

Uma visão mais conhecida e tradicional do marxismo afirma que o Estado e o direito têm sido instrumentos historicamente utilizados pela classe dominante para explorar as classes dominadas. Isso seria verificável na antiguidade (modo de produção escravista), na Idade Média (modo de produção feudal) e continuou existindo com o desenvolvimento do modo de produção capitalista a partir da Idade Moderna. Essa perspectiva foi difundida mundialmente pela antiga União Soviética, sobretudo quando se tornou doutrina oficial a partir do governo de Joseph Stálin.

No Brasil, muitos estudiosos da Teoria do Estado se limitaram a reproduzir (e criticar) a visão soviética como a única teoria marxista do Estado e do direito. Na Europa, diferentemente, a partir da década de 1960, surgiram teorias diferentes, inclusive contrárias à doutrina soviética. Dentre elas, destaca-se a de Evgeni Pachukanis, jurista soviético que foi condenado pelo regime stalinista na década de 1930, justamente por ter um pensamento sobre o Estado e o direito que se opunha à doutrina oficial da União Soviética, que perduraria até o final da existência desse país na década de 1990.

Os consideráveis avanços obtidos por essa vertente alternativa ao marxismo "oficial" podem ser encontrados em quatro obras: Teoria Geral do Direito e Marxismo (Pachukanis); Teoria Materialista do Estado (Hirsch); Estado e Forma Política (Mascaro) e Teoria da Derivação do Estado e do Direito (Caldas), todas indicadas ao final desta obra.

Pachukanis inova a reflexão a respeito do Estado e do Direito ao elaborar uma teoria que demonstra a especificidade da forma jurídica e da forma estatal contemporaneamente. Isso foi possível justamente porque ele tratou de entender o que diferencia o capitalismo dos modos de produção anteriores. Três méritos podem ser destacados na teoria de Pachukanis:

I. Do ponto de vista da teoria do Estado, ele evidencia a insuficiência das explicações que descrevem o Estado como forma de organização política universal, existente em todos os períodos da história (raciocínio encontrado dentro e fora do pensamento marxista). O jurista soviético mostra o seguinte: aquilo que contemporaneamente se entende por Estado tem seus caracteres específicos desenvolvidos a partir de certas transformações sociais, sobretudo na economia, verificáveis a partir da modernidade.

II. Do ponto de vista da teoria do direito, ele mostra como o Estado moderno somente pode ser entendido conjuntamente a partir de uma explicação a respeito do que é a forma jurídica e como ela se apresenta na sua plenitude apenas com o desenvolvimento do capitalismo.

III. Do ponto de vista metodológico, ele fortalece a perspectiva histórico-materialista, primeiro, porque captou as distinções existentes das organizações políticas ao longo do *tempo*, segundo, porque as nuances foram estabelecidas a partir das particularidades das relações *econômico-sociais* existentes em cada período.

Vejamos em maiores detalhes a explicação pachukaniana.

No escravagismo e no feudalismo a dominação de uma classe sobre a outra não depende de categorias jurídicas e políticas. A violência direta de um grupo sobre o outro é suficiente para garantir a submissão e, consequentemente, a exploração da força de trabalho. A ideologia legitimadora dessa realidade pode se manifestar em vários campos – religião, moral, artes etc. –, contudo, não há uma ideologia jurídica e política propriamente aplicável à relação entre classes. O escravo (ou o servo) encontra-se no espaço da economia denominado, não por acaso, espaço privado, justamente porque há uma privação do poder político – diferentemente do espaço público. Do ponto de vista jurídico, o escravo é uma coisa, não é um sujeito de direito – não tem direitos subjetivos –, não está sob domínio da lei, mas sim da vontade do seu senhor.

No capitalismo, de maneira diversa, a exploração da força de trabalho e a consequente dominação da classe burguesa sobre a classe trabalhadora dependem do Estado de uma maneira própria, pois elas ocorrem por intermédio do direito. A dependência do capitalismo em relação ao Estado e ao direito não decorre de uma condição subjetiva, de uma vontade de uma classe ou de um indivíduo simplesmente, mas se encontra no próprio modo como as relações sociais da economia capitalista se estruturam. O capitalismo se define por ser um modo de produção no qual um sujeito não é coagido diretamente a vender sua força de trabalho para outro. Ele o faz voluntariamente, ainda que determinado pela condição social, razão pela qual decide, no máximo, para quem fará a venda, mas não se o fará. Portanto, o que há no capitalismo são relações entre sujeitos que se reconhecem como livres, ou seja, dotados da liberdade de celebrar contratos, de fixar normas – obrigações recíprocas – entre si. Há ainda uma igualdade (formal/jurídica) entre os sujeitos, pois os contratos e as leis serão aplicáveis igualmente contra ambos. Portanto, o Estado e o direito transformam-se qualitativamente a partir do advento do capitalismo nos seguintes termos:

I.   O Estado assume a forma de um poder público que arroga o monopólio da força. Ele não estará mais sobre o controle direto da classe dominante, pois seu papel se torna a garantia do respeito das leis e aos contratos, válidos igualmente para todos. Protegendo a legalidade, o Estado possibilita a reprodução do processo de exploração do trabalho e de acumulação de capital. Neste caso, o cidadão será a expressão do indivíduo enquanto átomo que constitui a comunidade política.

II. A forma jurídica, por sua vez, perpassa, necessariamente, as relações sociais, diferentemente do escravismo/feudalismo, pois o capitalismo implica a existência do sujeito de direito e a consequente necessidade de se definir com clareza sob quais condições o negócio jurídico terá validade (obrigará as partes). Isso significa estabelecer quando o exercício da liberdade está apto a produzir efeitos. No capitalismo, portanto, as relações sociais no campo da economia ganham necessariamente contornos jurídicos. Neste caso, o sujeito de direito será a expressão do indivíduo enquanto átomo que constitui da sociedade civil.

Joachim Hirsch, por sua vez, integrou o debate britânico-alemão mais fecundo a respeito da teoria do Estado na Europa a partir da década de 1960, conhecido como o "debate da derivação do Estado". Os avanços na teoria de Hirsch ficaram evidentes a partir do momento em que o filósofo alemão assimilou as contribuições de Pachukanis. A passagem a seguir é exemplar nesse sentido, pois é possível observar como a questão da especificidade do Estado no capitalismo aparece em sua teoria:

> A apropriação da mais-valia e a manutenção da estrutura social e sua relação não se baseiam, na sociedade capitalista, em relações imediatas de poder e dependência, nem diretamente no poder e na força de opressão da ideologia, mas sim em operações imperceptíveis das leis ocultas da reprodução. No entanto, como o processo de reprodução social e de apropriação da mais-valia é mediado por meio da livre circulação de mercadoria, baseado nos princípios da troca equivalente e do fato de o trabalhador assalariado dispor de sua força de trabalho – da mesma forma pela qual os capitalistas dispõem da mais-valia adquirida

Teoria geral do Estado | 25

e acumulada – a abolição de todas as barreiras que lhe são opostas – isto é, as relações de poder diretas entre os detentores dos meios de produção e de dependências pessoais e restrições ("Feudalismo") na esfera da circulação de mercadorias – acaba sendo um elemento essencial da forma capitalista de sociedade. O modo e a forma de produção desse contexto social, no qual a divisão do trabalho social e a apropriação do produto excedente necessariamente requer que os produtores imediatos se despojem de dispor dos instrumentos de força física e que estes se localizem em uma instância social distinta erguida acima do processo econômico de reprodução: a criação da igualdade e liberdade formais burguesas, assim como o estabelecimento do monopólio estatal da força. A dominação da classe burguesa é essencial e basicamente caracterizada pelo fato de que a classe dominante tem de conceder o poder que assegura sua dominação organizando-o formalmente separada dela.[1]

Hirsch, no entanto, não se limita a descrever o Estado e o direito na perspectiva pachukaniana. Ele oferece ao menos duas contribuições inestimáveis, avançando muito em relação às tradicionais considerações sobre o Estado, ao mostrar que:

I. O fenômeno da "globalização" e as correspondentes transformações do Estado estão ligados ao próprio desenvolvimento imanente das relações sociais capitalistas, inclusive para responder às suas crises sistêmicas. Neste ponto, Hirsch foge dos lugares-comuns, por exemplo, do tradicional discurso de que a "soberania" dos estados é relativizada/reduzida com a criação dos organismos internacionais e o fortalecimento do direito internacional simplesmente por haver uma demanda política para se fixar parâmetros mínimos em conformidade com a

---

1 HIRSCH, Joachim. The state apparatus and social reproduction: elements of a theory of the bourgeois State. In: HOLLOWAY, John; PICCIOTTO, Sol (Eds.). *State and Capital*: A Marxist Debate. Londres: Edward Arnold, 1978, p. 61-62. Tradução nossa.

"dignidade da pessoa humana" ou com os "direitos humanos".

II. O Estado (e o direito) tem papel crucial nas constantes, inevitáveis e cíclicas crises do capitalismo, no sentido de modificar alguns de seus aspectos, mantendo sua essência. Novamente, neste ponto, Hirsch vai muito além da dicotomia tradicional, que procura explicar as crises econômicas como decorrência da presença do Estado – (neo)liberais – ou de sua ausência – os devotos do Estado de Bem-Estar Social. Trata-se aqui de recuperar uma das principais contribuições de Marx: a demonstração de que capitalismo e crise são indissociáveis. Hirsch ocupa-se de mostrar como o Estado atua de modo a regenerar permanentemente o capitalismo, o que implica transformações no campo jurídico e político inclusive.

Em 2013, foi publicado no Brasil um artigo de Hirsch que sintetiza perfeitamente os pontos que destacamos acima:

> O processo da chamada "globalização" é na essência um ataque às conquistas democráticas do século XIX e sobretudo do século XX. Entre elas estão extensão do direito de votos, o controle parlamentar do Poder Executivo e a implantação de algumas garantias sociais, sem as quais a democracia real, mesmo no limitado sentido liberal capitalista, dificilmente funcionaria. Ao lado do movimento operário em permanente fortalecimento, foi sobretudo a pressão da concorrência entre sistemas após a Revolução de Outubro que obrigaram os dominantes a fazer algumas concessões políticas e sociais. O capitalismo fordista, apoiado sobre esta correlação de forças, garantiu por um longo tempo a compatibilidade entre lucrativa produção de massas, consumo de massas e política social reformista. Esta fase chegava ao fim nos anos setenta do século XX.

Teoria geral do Estado | 27

> As relações sociais de força institucionalizadas no Estado de bem-estar social fordista mostraram-se crescentemente como uma barreira para o lucro do capital. Seguiu-se a grande crise mundial dos anos setenta e, com ela, a grande contraofensiva neoliberal. A queda do campo do socialismo de Estado completou o seu êxito. O objetivo do projeto neoliberal, mais exatamente a criação de um sistema político-econômico livre de uma série de interferências democráticas, estava criado. O que, após 1989, foi comemorado como sendo o início de uma nova era democrática, revelou-se em muitos sentidos como sendo o contrário. Estabeleceu-se um sistema mundial de Constitucionalismo neoliberal, isto é, um entrelaçamento de instituições políticas internacionais, de regras e procedimentos que sobretudo serviam à garantia da propriedade privada, à liberdade de investimentos e à abertura de mercados, e que na prática retirou de cada Estado a possibilidade da influência política democrática. Aparentemente, teria sido rompida a ligação histórica entre o capitalismo e a democracia liberal com a sua implantação em escala global.[2]

Hirsch caminha na contramão do senso comum que costuma acreditar que as crises das instituições políticas decorrem de uma degeneração moral ou de um erro de escolha dos eleitores. Esse tipo de ideia leva os cidadãos a assistirem cotidianamente na grande imprensa um discurso contra "os políticos", sempre apresentados como "egoístas", "mentirosos", "hipócritas" e "corruptos". Ao mesmo tempo, os eleitores são responsabilizados pelo problema, pois teriam decidido mal nas eleições e precisariam, simplesmente, votar "conscientemente" da próxima vez. Muitas vezes, inclusive, esse discurso ganha ares aristocráticos, quando se acusa o "povo" de não saber decidir (por "povo", entenda-se a grande massa de pobres, geralmente descritos como despolitizados e ignorantes). Hirsch mostra que o enfraquecimento do

---

2 HIRSCH, Joaquin. O fim da democracia liberal. Disponível em: <http://www.fmauricio-grabois.org.br/portal/noticia.php?id_sessao=8&id_noticia=11841>. Acesso em: 01 nov. 2013

caráter democrático dos atuais regimes – que já são bastante limitados, instáveis e contraditórios – relaciona-se com a própria crise do capitalismo, fenômeno este aproveitado maliciosamente pelos neoliberais para se converter em oportunidade de crítica ao Estado de bem-estar social e de apresentação de propostas que, no fundo, significam a despolitização do espaço econômico (paradoxalmente, o capitalismo continuou a demandar novas formas de intervenção estatal – sobretudo no sistema financeiro – como forma de atenuar/evitar as crises).

No Brasil, todas as contribuições de Hirsch, Pachukanis e de outros pensadores contemporâneos aparecem sintetizados nas teorias de Alysson Leandro Mascaro. A sua obra *Filosofia do direito* oferece os subsídios para entender como as diversas teorias do Estado e do direito podem ser compreendidas a partir dos *três caminhos da filosofia do direito contemporânea* que foram mencionados anteriormente. Nessa obra já se encontra uma primeira tessitura da relação entre Estado, direito e economia.

> Pelo ângulo das possibilidades de compreensão do fenômeno jurídico, destaca-se uma visão amplamente reducionista – o juspositivismo –, uma visão atrelada ao poder – as filosofias do direito não juspositivistas – e uma visão plena da totalidade – o marxismo. Para o juspositivismo, o direito é uma esfera autônoma, imediatamente dada e limitada pelas normas estatais. Para as filosofias do direito não juspositivistas, o direito não é uma esfera desconectada e autônoma, pois já se pensa no poder como sua base. Mas, muitas vezes, o não juspositivismo apenas transfere a autonomia do campo normativo para o campo político. O marxismo é quem liberta totalmente o fenômeno jurídico de seu confinamento nas visões reducionistas, seja no reducionismo normativista, ou seja, no reducionismo político-estatal. O direito é pensado a partir das estruturas do todo histórico-social.[3]

---

3 MASCARO, Alysson. *Filosofia do direito*. 3. ed. São Paulo: Atlas, 2013, p. 312.

No universo do direito não é incomum que as explicações acabem por se referir ao Estado de maneira muito vaga e, principalmente, sem um diálogo com a ciência política. De outra parte, no campo da ciência política, inevitavelmente se fala em Estado, contudo, muitas vezes, sem compreender precisamente porque a forma política própria do Estado contemporâneo se associa à forma jurídica.

Mascaro consegue justamente mostrar o entrelaçamento que existe entre direito e Estado e mais, como isso se manifesta nas diversas perspectivas da filosofia jurídica. Por exemplo, o positivismo jurídico identifica o Estado como ordenamento escalonado de normas. Os críticos do juspositivismo, por sua vez, procuram compreender o direito e o Estado para além do aspecto normativo, enquanto manifestações do poder concretamente existente – esteja ele concentrado no soberano (Schmitt) ou difuso socialmente (Foucault) –, seja porque o Estado não está subjugado pelo direito, seja porque o direito não se reduz à normatividade da esfera estatal. Mascaro explica ainda que ao contrário do que supõe o senso comum, o marxismo – ou pelo menos suas vertentes mais contemporâneas e avançadas – não propõe um reducionismo economicista, mas sim a compreensão da totalidade histórico-social. Justamente, trata-se de não excluir aquilo que as teorias não marxistas insistem em ignorar: as contradições internas do capitalismo, seus limites e, principalmente, como esse modo de produção está intrinsecamente relacionado com o desenvolvimento da forma que a política e o direito assumem contemporaneamente.

A teoria de Mascaro mostra que a universalização do próprio direito, das categorias jurídicas – direito subjetivo, sujeito de direito, relação jurídica, capacidade etc. – não é uma concessão generosa da classe burguesa, nem mesmo uma simples conquista "política". Na realidade, são a expressão do próprio modo como as relações sociais se constituem no capitalismo: a partir do pressuposto de que todos são *livres* para dispor *igualmente* de suas *propriedades*. Por isso, o direito somente pode ser compreendido como forma social, não como norma simplesmente. Liberdade, igualdade, propriedade privada, apresentam-se como direitos – como parte da lei –, mas não tiveram sua existência determinada simplesmente por uma decisão do Estado, pelo contrário, por serem os elementos constitutivos da economia capitalista se materializam nas relações sociais de classe e se tornaram objeto de reivindicações políticas da burguesia, que encontraram no poder do Estado soberano – centralizador da jurisdição – os meios para garanti-los.

Não é à toa que a maioria da sociedade e a própria classe trabalhadora acabem por acreditar que o Estado seja expressão do "bem comum" da sociedade. De um lado, o ente estatal atua realmente, não apenas ideologicamente, como defensor da ordem pública de uma legalidade igualmente válida para todos. Aqui está sua face de "benfeitor da sociedade". Porém, de outro lado, se os problemas sociais – exploração, desigualdade, alienação do trabalho, destruição ambiental, fragmentação social etc. – têm origem no capitalismo, não no direito e no Estado, ambos não são os instrumentos de solução dessas mazelas. Somente a transformação no nível das relações econômicas torna possível novas formas de organização político-social voltadas para o todo social.

Evidentemente, Mascaro não afirma que o Estado e o direito tutelem e regulem apenas situações ligadas à esfera econômica. Seria pueril supor que o marxismo afirma que atividade estatal tem por objetivo apenas garantir a reprodução das relações sociais capitalistas. No entanto, a tradição da teoria do Estado, perdida em explicações idealistas e culturalistas, concebe que a razão de ser do Estado, desde seus primórdios até os dias de hoje, é o bem-comum. Na vã tentativa de escapar dessa inocente visão, procura-se acrescentar uma pitada de historicismo, afirmando que o Estado foi concebido inicialmente numa perspectiva liberal, voltado apenas para conciliar os interesses individuais, porém, posteriormente, teria adquirido uma nova feição, tornando-se um Estado de Bem-Estar Social, equilibrando assim os interesses individuais e coletivos (novamente, recai-se aqui, invariavelmente, na ideia de bem-comum, além disso, não se percebe que o modelo de democracia atualmente disseminado é insuficiente para lidar com a contradição social intrínseca que define o capitalismo e que o torna por princípio antidemocrático). É óbvio que conteúdos estranhos e até pontualmente contraditórios à lógica do capitalismo podem encontrar abrigo no interior do Estado e do direito. Porém, uma teoria não deve se ocupar desses elementos acidentais, mas sim daquilo que constitui a essência do objeto estudado. No caso, deve-se notar que dadas as relações capitalistas, o político e o jurídico adquirem a forma que possuem contemporaneamente.

A longa pesquisa a respeito da filosofia, sociologia e teoria geral do direito em Mascaro irá desaguar na publicação de *Estado e forma política*, a obra brasileira mais inovadora a respeito da Teoria do Estado. Ela consiste exatamente na crítica da tradição que ainda permeia a maioria dos manuais das faculdades de direito, que muitas vezes se limitam a criar novos conceitos e classificações apenas para dizer mais sobre o mesmo. Por essa razão, tal obra se torna um convite ao pensamento crítico, alternativa para se repensar os caminhos a serem trilhados tanto no campo do estudo do Estado, quanto no da ação política.

> O avanço na compreensão do Estado e da política, na atualidade, se faz, necessariamente, superando todas as mistificações teóricas que ainda se limitam apenas a definições jurídicas ou metafísicas como a de que o Estado é o bem comum ou legítimo. (...) Tampouco são suficientes as teorias que separam o Estado e a política do todo, procedendo

a uma profunda analítica interna que não consegue vislumbrar suas causas exteriores. Nesse sentido, os fundamentos políticos liberais, as quantificações empíricas das ciências políticas e mesmo as teorias políticas analíticas, sistêmicas e funcionalistas, se se apegam ao estudo de concretudes políticas e seus padrões, não o fazem para buscar a fundo suas raízes históricas, estruturas e antagonismos. Tampouco leituras políticas neoinstitucionalistas dão conta de entender a dinâmica total da reprodução social e de suas contradições, na medida de um fechamento analítico que torna seu objeto de estudo asséptico e irreal.[4]

Não é à toa que Mascaro encerre o balanço introdutório afirmando exatamente o oposto daquilo que se tornou o lugar comum de nosso tempo: entender o Estado é compreender a totalidade social, especialmente as contradições inerentes à economia política capitalista. Tais pressupostos permitem a Alysson Mascaro concluir que "não na ideologia do bem comum ou da ordem nem do louvor ao dado, mas no seio das explorações, das dominações e das crises da reprodução do capital é que se vislumbra a verdade da política".[5]

Por fim, cabe destacar alguns aspectos da Teoria da Derivação do Estado e do direito, que foi objeto de minha tese de doutorado e resultou na publicação da obra *A teoria da derivação do Estado e do direito*. Surgida a partir de 1970, na Alemanha Ocidental, a partir do trabalho coletivo de grupo de pensadores marxistas, tal teoria é oriunda de um debate bastante original a respeito do Estado e do direito que adota uma perspectiva histórico-materialista diferenciando-se das concepções predominantes à época, como o keynesianismo e o stalinismo, ou crescentes, como o neoliberalismo.

O debate da derivação desenvolveu-se durante mais de uma década, reunindo, sobretudo, pensadores da parte ocidental da

---

4 MASCARO, Alysson. *Estado e forma política*. São Paulo: Boitempo, 2013, p. 13.
5 Id., Ibid., p. 14.

Alemanha (ex-República Federal da Alemanha) e da Grã-Bretanha, com contribuições importantes oriundas dos Estados Unidos (coletivo *Kapitalistate* de São Francisco), tendo sido denominado "Staatsableitungsdebatte" ou "state derivation debate". No Brasil, ficou conhecido como "debate derivacionista do Estado" ou "debate da derivação do Estado".

Entre os alemães destaca-se Rudolf Wolfgang Müller, Christel Neusüß, Elmar Altvater, Bernhard Blanke, Ulrich Jürgens, Joachim Hirsch, Freerk Huisken, Margaret Wirth, Claudia von Braunmühl, Heide Gerstenberger, Sybille von Flatow e Hans Kastendiek. No Reino Unido abrangem pensadores como John Holloway, Sol Picciotto, Bob Jessop, Werner Bonefeld e Simon Clarke. Nos Estados Unidos, entre os participantes do debate do coletivo *Kapitalistate* de São Francisco liderado por Jim O'Connor, temos, além de alguns dos pensadores anteriores, Alan Wolfe, Barbara Stuckey, Brian Murphy, Colin Sumner, Erik Olin Wright, Gosta Esping-Andersen, Margaret A. Fay, Margit Mayer, Roger Friedland. Tais pensadores participaram diretamente do debate ou da análise dos resultados que podiam ser extraídos do confronto das ideias dos autores.

A teoria da derivação constitui-se como alternativa teórica em face de outras correntes marxistas que na época estavam alinhadas ao pensamento soviético-stalinista, à Escola de Frankfurt ou à filosofia política de Nicos Poulantzas (que em certa medida participa do debate), dentre outras. Um dos pontos centrais da teoria é rejeitar a ideia de Estado e direito sejam meros instrumentos neutros – utilizáveis para qualquer propósito e finalidade –, ou seja, capazes de serem conduzidos livremente pelas decisões políticas dos dirigentes do aparato do estatal e das demais autoridades. Tais pensadores, portanto, alertavam sobre as ilusões do keynesianismo e dos progressos do Estado de Bem-Estar Social, apontando que tais caminhos – ainda que melhores que as concepções puramente liberais e conservadoras

– eram absolutamente insuficientes para lidar com as contradições e crises inerentes ao capitalismo, razão pela qual uma crítica mais radical ao sistema político-jurídico como um todo se fazia necessária. Não por acaso, parte significativa dos estudiosos da derivação possuem pontos de convergência com as ideias do jurista soviético Pachukanis que mencionamos anteriormente.

A tentativa de "derivação" (do Estado e do direito) significou o esforço teórico para se extrair das especificidades da economia capitalista – das relações econômicas que lhe são inerentes – as causas e consequências no nível da forma jurídica e política que se sintetizam na forma estatal. Assim, os autores procuraram, cada qual a seu modo, explicar como a forma do Estado capitalista é derivada da economia capitalista, o que exigia compreender as categorias próprias desse modo de produção, ou seja, o processo de produção, circulação e consumo de mercadoria e de acumulação de capital, reconhecendo ainda que determinadas funções do aparelho estatal estão vinculadas objetivamente à reprodução do capital, dentre elas a preservação da subjetividade e da sociabilidade jurídica.

A teoria da derivação não esgotou seu objeto, pois mudanças significativas vieram após 1980, momento no qual se verifica a transição entre um modelo fordista para um pós-fordista, cujos impactos atingem a economia (modificando especialmente as condições e organização do trabalho), os modos de atuação estatal (com o surgimento de formas mais "flexíveis" de intervenção na economia, alterações nas políticas macroecômicas, na regulação do mercado de capitais etc.), as ações políticas (enfraquecimento das organizações sindicais, perda da adesão ao ideário revolucionário etc.) e organização jurídica (sobretudo por meio da subtração dos direitos sociais em geral, em especial as tradicionais garantias trabalhistas e previdenciárias). Nesse contexto, os integrantes do debate original permaneceram nas décadas seguintes engajados em maior ou menor medida com os temas até então estudados, mas sem dúvida, tiveram que lidar com uma problemática nova que nascia e não mantiveram mais os vínculos entre si que permitiam que fossem identificados como um grupo.

A teoria da derivação abriu caminhos importantes para o campo da Ciência Política, da Teoria Geral do Estado, da Filosofia do Direito e para repensarmos o universo da prática jurídica e política. Para ilustrar a fecundidade dessa teoria, podemos apontar algumas reflexões que o debate da derivação do Estado e do direito ensejam com relação aos direitos humanos, como por exemplo:

I. A constituição do sujeito de direito e das diversas dimensões dos direitos humanos devem ser explicados a partir da constituição das relações sociais específicas do capitalismo, sem subestimar o papel da luta de classes e de outros movimentos sociais como elementos aptos a modificar, ainda que de modo parcial e limitado, a abrangência das normas e instituições jurídicas.

II. A teoria da derivação do Estado mostra um aprofundamento da teoria política e jurídica marxista que precisa ser remodelada considerando o processo de reestruturação produtiva que resultou em um novo regime de acumulação (pós-fordista) e de novos movimentos sociais, cujas demandas setoriais devem ser entendidas em parte como independentes e em parte estruturadas a partir da dinâmica histórica do capitalismo e dos impactos dessa sociabilidade em relação a determinados grupos sociais.

III. O estudo sobre Estado e direito é indissociável do estudo das crises econômicas e de seus efeitos no nível político e jurídico; neste sentido, deve-se observar que os riscos aos direitos humanos de segunda dimensão não decorrem apenas da correlação de forças políticas internas, mas do ambiente econômico no nível nacional e internacional que constrói novas formas de organização social que ameaçam os direitos sociais tradicionais do Estado de bem-estar social (Estado que é sempre insuficiente para lidar com os problemas estruturais do capitalismo).

IV. O embate político, sobretudo diante do cenário de crise econômica e de enfraquecimento da segunda dimensão dos direitos humanos, coloca em risco os direitos humanos de primeira dimensão, aumentando a possibilidade de supressão parcial de tais direitos com relação a sujeitos e grupos considerados "subversivos" e demasiadamente perigosos à ordem institucional. Esse fenômeno de repressão – com a consequente aniquilação pontual dos direitos de primeira dimensão – pode ocorrer por intermédio da ação ou omissão das instituições estatais, especialmente as policiais, judiciárias e legislativas.

Não se trata aqui de se aprofundar nos apontamentos acima, mas apenas mostrar como um tema – no caso, os direitos humanos – pode ganhar novas perspectivas a partir daquilo que é encontrado no debate da derivação e em outros escritos marxistas.

Enfim, independentemente de preferências políticas pessoais, ninguém pode negar que o marxismo tem contribuído de maneira decisiva para explicar o fenômeno do Estado, sobretudo porque mostrou que é impossível falar em política sem tratar de economia. No entanto, nos tempos atuais, o ressurgimento de forças obscurantistas e fascistas faz surgir um movimento perverso e desastroso, que tenta ignorar e esconder que o pensamento marxista traz elementos fundamentais para se pensar o direito, a política e a economia.

Pensar a causa e a solução dos graves problemas sociais que persistem no presente é uma questão de suma importância. A leitura dos pensadores acima destacados e dos capítulos a seguir são um ponto de partida para refletir nesse sentido.

Indicações de leitura:

Além de todos os autores e obras mencionadas no texto acima, recomendamos as seguintes leituras:

CALDAS, Camilo Onoda. *A teoria da derivação do Estado e do direito*. São Paulo: Outras Expressões; Dobra Universitário, 2015.
MASCARO, Alysson Leandro. *Estado e forma política*. São Paulo: Boitempo, 2013.

_____. *Filosofia do direito*. 5. ed. São Paulo: Atlas, 2016.

1
CONSTITUIÇÃO E DESCONSTITUIÇÃO DOS ESTADOS

O objetivo deste capítulo é mostrar quais são os elementos constitutivos do Estado e como pode ser classificada a formação e extinção dos Estados. Conforme veremos, a abordagem dos elementos que constituem o Estado serve tanto para definir o que é o Estado como também para explicar seus diferentes modos de constituição e desconstituição.

O conteúdo deste capítulo mostrará que o objetivo principal da Teoria Geral do Estado não é tratar historicamente a formação particular de cada Estado, mas sim, encontrar o que existe de geral quando se trata de Estados. Nesse sentido, veremos quais são os elementos constitutivos comuns a todos os Estados, bem como descrevemos os modos típicos de formação e extinção dos Estados, sem que sejam considerados aspectos particulares da história de cada um deles.

Como consideramos que a compreensão do fenômeno jurídico-estatal do ponto de vista histórico materialista é indispensável, recomendamos que algumas leituras ao final deste e dos demais capítulos como forma de complementar o conteúdo exposto.

1.1. Estado: elementos constitutivos e conceito

As teorias tradicionais a respeito do Estado o conceituam a partir da articulação de até quatro elementos – soberania, território, povo e finalidade (no mínimo os dois primeiros). Destacamos, a título de exemplificação, duas definições bastante difundidas:

I. Estado é "a corporação de um povo, assentada num determinado território e detentora de um poder originário de mando" – Georg Jellinek.[1]

II. Estado é "ordem jurídica soberana que tem por fim o bem comum de um povo situado em determinado território" – Dalmo Dallari.[2]

Na introdução da presente obra explicamos, ainda que brevemente, como as concepções histórico-materialistas tratam da *finalidade* e a *origem* do Estado (Hirsch, Mascaro e Pachukanis) a partir de um estudo da totalidade, considerando, sobretudo, as transformações das relações sociais no campo da economia com o advento do capitalismo (tal corrente de pensamento tem como principal mérito evitar os lugares comuns a respeito dos *fins* e da *origem* do Estado, temas que na Teoria Geral do Estado tradicional se transformaram num repositório de ideologias sem qualquer valor científico). Considerando isso, no que se refere à finalidade e origem do Estado sugerimos a leitura da introdução da presente obra e, assim, iremos restringir nossa exposição aos três elementos constitutivos do Estado – soberania, território e povo – para em seguida mostrar como eles se articulam entre si e são utilizados para descrever a formação e a extinção de Estados.

---

1 *Allgemeine Staatslehre*. Berlim: O. Häring, 1914, p. 183. Primeira edição: 1900.
2 *Elementos de Teoria Geral do Estado*. 24. ed. São Paulo: Saraiva, 2003, p. 118.

1.1.1. Soberania

O primeiro elemento constitutivo do Estado a ser analisado é a *soberania*. Atribui-se a Jean Bodin (1530-1596) a formulação conceitual de soberania no sentido de defini-la como o *poder absoluto e perpétuo do Estado* (*Seis Livros da República* - 1576). O filósofo francês afirma que sem o poder soberano – responsável pela unidade de todos num único corpo – o Estado inexiste. Suas ideias, sem dúvida, contribuíram para noção atual de soberania do Estado.

Contemporaneamente, soberania do Estado pode ser entendida de duas maneiras. Primeiro, do ponto de vista jurídico. Segundo, do ponto de vista fático. Ambos estão relacionados entre si, mas designam aspectos distintos.

Do ponto de vista *jurídico*, soberania é a qualidade do Estado para determinar o direito vigente em seu território. Isso significa que o Estado estabelece, por meio da legislação, a condição de validade das demais normas, sejam estas criadas pelos próprios órgãos estatais ou no âmbito particular. Em função disso, por exemplo, normas criadas entre particulares, por meio de um contrato, somente são válidas quando não contrariarem normas de ordem pública do Estado. Dito de outra maneira, o Estado é soberano porque determina quais são as normas jurídicas válidas.

A soberania jurídica do Estado se manifesta em seus três poderes: o Legislativo, o Executivo e o Judiciário. No plano do Legislativo, o Estado cria um *ordenamento jurídico*, ou seja, conjunto de normas hierarquizadas formando uma pirâmide normativa na qual as normas superiores condicionam a validade das inferiores, com a Constituição do Estado no topo (no caso do Brasil, a Constituição Federal). No plano do Executivo, a soberania estatal se manifesta por meio de suas instituições que exercem poder de polícia e usam seu poder coercitivo para impedir que os indivíduos pratiquem ações com abuso de direito ou contrariando as leis ou o interesse público. No plano do Judiciário, as instituições exercem a jurisdição tem o poder de interpretar soberanamente os textos normativos e determinar como será aplicado o direito, não obstante visões ou entendimentos divergentes existentes entre doutrinadores e a sociedade civil em geral.

Do ponto de vista *fático*, a soberania do Estado significa que seu poder se sobrepõe ao de quaisquer outros grupos ou indivíduos, razão pela qual é considerado incontrastável. Neste caso, trata-se da capacidade concreta do Estado impor suas decisões, portanto, a soberania é entendida como força, no sentido físico da palavra. O caráter soberano do poder revela-se externamente (na capacidade para se defender de ameaças vindas do exterior) e internamente (aptidão para manter a ordem interna).

Apesar da soberania do Estado ser observável sob dois pontos de vista (jurídico e fático), é preciso notar que a dimensão fática é anterior à jurídica e isso fica evidenciado no momento em que é criada a Constituição do Estado. Há sempre um momento histórico inicial no qual o poder soberano factual se manifesta, estabelecendo juridicamente o Estado. Essa manifestação da soberania, enquanto fenômeno social, é denominada poder constituinte e dele é que surge a Constituição, o corpo máximo de leis do Estado (trataremos deste tema em um capítulo próprio mais adiante). Porém, compreender que é o poder quem condiciona o ordenamento jurídico e, não o contrário, é uma dificuldade recorrente dos juristas quando tratam da teoria do Estado, justamente porque predomina no meio jurídico uma forma de pensamento essencialmente juspositivista (questão que explicamos anteriormente na introdução). Para aqueles que estejam interessados em se aprofundar nesse ponto, sugerimos a leitura do texto a seguir, cuja íntegra pode ser encontrada inclusive na internet.

O Poder Constituinte do povo no Brasil:
um roteiro de pesquisa sobre a crise constituinte
*Gilberto Bercovici**

O poder constituinte é manifestação da soberania. É um poder histórico, de fato, não limitado pelo direito.

Como tem caráter originário e imediato, o poder constituinte não pode ser reduzido juridicamente. Não pode ser limitado, embora não seja arbitrário, pois tem "vontade de constituição". A titularidade do poder constituinte deve corresponder ao titular da soberania. Historicamente, de acordo com Nelson Saldanha (1986), isso significa indagar como o povo chegou à pretensão desta titularidade e como viabilizar esta pretensão, pois a soberania popular se refere essencialmente ao povo como titular do poder constituinte. Desde a Revolução Francesa, o poder constituinte do povo é visto como a verdadeira forma da soberania popular. Afinal, com a teoria do poder constituinte do povo durante a Revolução Francesa, demonstrou-se que o povo estava sendo chamado a decidir coletivamente sobre a sua forma política, regenerando e constituindo novamente o poder [...].

O poder constituinte pode ser pensado em termos diretamente fáticos, ou seja, como o povo, em sua totalidade e sem intermediários, cria a constituição para si e permanece como instância decisiva para a manutenção, alteração ou substituição da constituição, instituindo, segundo Müller (1995), uma democracia plebiscitária sem

---

* BERCOVICI, Gilberto. *O Poder Constituinte do povo no Brasil*: um roteiro de pesquisa sobre a crise constituinte. São Paulo: Lua Nova, n. 88, 2013, p. 305-308.

constituinte nunca é pensado como um poder diretamente proveniente e exercido pelo povo, mas apenas em termos indiretos, representativos, como um poder exercido de forma mediada pelo povo. Deste modo, a ideia de que o poder constituinte originário está no povo é inseparável, historicamente, da ideia de representação em assembleia constituinte (Müller, 1995, pp. 23-4). No entanto, quem convoca o poder constituinte, segundo Faoro, não é o poder estatal. Este apenas instrumentaliza, sem subordinar, a vontade popular, restituindo o poder ao povo (Faoro, 1986, pp. 84-5, 89-90). O poder constituinte do povo é visto por boa parte do pensamento político e constitucional como, nas palavras de Cantaro (1994), um *"terribile potere"*, do qual sempre se desconfia, contestando sua plausibilidade, legitimidade e cientificidade. O direito tem dificuldades em entender a produção jurídica como proveniente de um poder "de fato", extraordinário e livre na determinação de sua própria vontade. O poder constituinte contradiz as pretensões do ordenamento jurídico de estabilidade, continuidade e mudança dentro das regras previstas. A aversão dos juristas à soberania popular e à teoria do poder constituinte do povo, segundo Cantaro (1994), vem de uma visão política e filosófica que atribui as origens do totalitarismo à soberania popular. A democracia absoluta fatalmente degeneraria para a violência, o terror e o totalitarismo. E isso teria ocorrido desde a aplicação da concepção absoluta de soberania popular de Rousseau pelos jacobinos durante a Revolução Francesa (Cantaro, 1994, pp. 139-45). Para os positivistas, o poder constituinte é um poder natural (*näturliche Macht*), um poder pré-jurídico ou metajurídico. Como, então, o poder constituinte não é jurídico, não faz parte das preocupações dos juristas. [...]

Observando os dois aspectos da soberania (jurídico e político) podemos entender como estão relacionados entre si. Afirma-se que o Estado tem o poder de estabelecer o direito enquanto possui, ao mesmo tempo, a capacidade concreta de garanti-lo. Isso significa que o Estado não apenas estabelece – por meio da decisão administrativa/legislativa/judicial – quais as normas jurídicas existentes, como também possui meios para garantir que sua decisão seja cumprida. O Estado, portanto, é tido como soberano porque dita a normatividade válida e é capaz de constranger – inclusive fisicamente – os destinatários das normas a cumprir aquilo que lhes é exigido. Dito de outra maneira, isso significa que ele é capaz de fazer valer concretamente suas decisões – sejam as oriundas do Poder Executivo, Legislativo e Judiciário.

Do ponto de vista externo, a soberania se manifesta pelo fato de o Estado não estar obrigado a aceitar determinações jurídico-políticas que sejam contrárias aos seus propósitos e oriundos de forças políticas estrangeiras. Por essa razão, sempre que um Estado é constrangido, direta ou indiretamente, por um poder externo, conclui-se que a soberania nacional, em maior ou menor medida, foi atingida. Em um cenário de assimetria de poderes entre Estados, de força e ingerência do capital do internacional sob as economias nacionais e de crescimento de normas e organismos internacionais, torna-se cada vez mais comum falar em enfraquecimento da soberania tradicional dos Estados (ver capítulo 5 – Estado na ordem internacional).

Do ponto de vista interno, quando acontecem guerras civis, ou seja, conflitos de força no interior do Estado, a soberania pode ser ameaçada. Consequentemente, a capacidade estatal de fazer valer suas decisões, bem como de determinar o direito, fica relativizada, ou seja, não se efetiva plenamente. Os insurgentes (revolucionários ou rebeldes, como costumam ser chamados) podem eventualmente ter êxito e vencer totalmente o poder do Estado. Se a vitória for permanente – inclusive contra eventuais hostilidades externas concomitantes – os outrora insurgentes terão a capacidade de extinguir o Estado até então existente ou de reformá-lo e, neste caso, de estabelecer uma nova normatividade jurídica.

1.1.2. Território

O segundo elemento constitutivo do Estado é o *território*.

O território consiste no espaço físico no qual o Estado exerce sua soberania. Isso significa que os indivíduos que estejam no domínio territorial de um Estado se submetem à sua autoridade e, consequentemente, às suas normas. Contudo, existem exceções a essa regra, por exemplo, no caso de se tratar de agentes diplomáticos, que em algumas hipóteses estão submetidos ao ordenamento jurídico de seu Estado de origem. Há ainda casos em que, por conta do direito internacional ou interno do Estado, torna-se aplicável legislação estrangeira mesmo em relação a pessoas e bens localizados no território de um Estado (geralmente o problema torna-se então efetivar a aplicação dessas leis).

O território não é constituído apenas de porções terrestres. Vejamos o que está abrangido por esse conceito:

I. Superfície da crosta terrestre e subsolo respectivo. Ainda que a superfície terrestre seja a parte mais relevante do território, o subsolo tem sido objeto de crescente interesse pelos Estados em função da possibilidade de exploração de recursos naturais, especialmente água, minérios, gás e petróleo.

II. Mar territorial. As águas localizadas na costa de um Estado integram seu território. Tal integração existe, sobretudo, por questões econômicas, ambientais e de segurança nacional. As divergências entre Estados a respeito da extensão do mar territorial são comuns, mas estão reguladas por meio do direito internacional (Convenção das Nações Unidas sobre o Direito do Mar), que distingue: *mar territorial* (espaço de uma soberania plena do Estado, o que inclui o controle de tráfego de embarcações na localidade); *zona contígua* (espaço no qual o Estado exerce a soberania para evitar infrações à legislação aduaneira, fiscal, de imigração ou sanitária, no seu território ou no seu mar territorial, bem como para reprimir eventuais infrações à legislação no seu território ou no seu mar territorial); *zona econômica exclusiva* (espaço no qual o Estado não restringe o trânsito de embarcações, mas afirma sua soberania nos aspectos econômicos, garantindo assim a exploração de recursos naturais nas águas e na *plataforma continental*).

III. Plataforma continental. Porção terrestre em continuidade à superfície da crosta que submerge nas águas do mar territorial do Estado. É a porção terrestre que se inicia na costa e avança com leve inclinação submersa nas águas. O bordo do local no qual essa inclinação se acentua denomina-se *talude* e serve como referência para o fim da plataforma continental. O interesse econômico da plataforma continental decorre especialmente da possibilidade da exploração de gás e petróleo no local.[3]

IV. Espaço aéreo. Após o desenvolvimento da aviação tornou-se imprescindível para os Estados afirmar a soberania sobre o espaço aéreo, ou seja, sobre a

---

3   A definição jurídica encontra-se no artigo 76º da Convenção das Nações Unidas sobre o Direito do Mar (CNUDM) de 1982, adotado pelo Brasil pela Lei nº 8.617, de 4 de janeiro de 1993, que dispõe sobre o Mar Territorial, a Zona Econômica Exclusiva e a Plataforma Continental: "1 - A plataforma continental de um Estado costeiro compreende o leito e o subsolo das áreas submarinas que se estendem além do seu mar territorial, em toda a extensão do prolongamento natural do seu território terrestre, até ao bordo exterior da margem continental ou até uma distância de 200 milhas marítimas das linhas de base a partir das quais se mede a largura do mar territorial, nos casos em que o bordo exterior da margem continental não atinja essa distância".

coluna de ar acima da crosta terrestre. Por força de Tratado Internacional (Convenção de Chicago), os Estados, na maioria dos casos, aceitam reciprocamente que aeronaves civis (não militares) transitem sobre seus respectivos espaços aéreos. O limite do espaço aéreo é a estratosfera. Com o desenvolvimento da navegação espacial, novo problemas surgiram, uma vez que tornou-se possível sobrevoar o território de um Estado, inclusive obtendo informações da parte terrestre por meio de imagens captadas do espaço.

V. Embarcações e aeronaves também integram o território de Estados. Quando são militares, são consideradas territórios do Estado de origem, não importa onde estejam. Embarcações e aeronaves civis são consideradas territórios de seus Estados de origem quando se encontram, respectivamente, em águas ou espaço aéreo internacionais. Quando as embarcações civis estão no mar territorial de um Estado são consideradas territórios do local onde estão transitando. O mesmo acontece com as aeronaves quando estão sobrevoando ou pousam em território de determinado Estado.

No Brasil, o *mar territorial* é de 12 milhas marítimas, a *zona contígua* é de 24 milhas marítimas e a *zona econômica* exclusiva é de 200 milhas marítimas, distância válida inclusive para a plataforma continental, que, no entanto, pode ser reduzida, se o bordo da plataforma continental estiver numa distância inferior a 200 milhas.

Do território

Texto extraído da lei federal nº 8.617/1993 que dispõe sobre o mar territorial, a zona contígua, a zona econômica exclusiva e a plataforma continental brasileiros.

CAPÍTULO I
Do Mar Territorial
Art. 1º O mar territorial brasileiro compreende uma faixa de doze milhas marítima de largura, medidas a partir da linha de baixa-mar do litoral continental e insular, tal como indicada nas cartas náuticas de grande escala, reconhecidas oficialmente no Brasil.
[...]
Art. 2º A soberania do Brasil estende-se ao mar territorial, ao espaço aéreo sobrejacente, bem como ao seu leito e subsolo.
[...]
CAPÍTULO II
Da Zona Contígua
Art. 4º A zona contígua brasileira compreende uma faixa que se estende das doze às vinte e quatro milhas marítimas, contadas a partir das linhas de base que servem para medir a largura do mar territorial.
Art. 5º Na zona contígua, o Brasil poderá tomar as medidas de fiscalização necessárias para:
I - evitar as infrações às leis e aos regulamentos aduaneiros, fiscais, de imigração ou sanitários, no seu território, ou no seu mar territorial;
II - reprimir as infrações às leis e aos regulamentos, no seu território ou no seu mar territorial.

CAPÍTULO III
Da Zona Econômica Exclusiva
Art. 6º A zona econômica exclusiva brasileira compreende uma faixa que se estende das doze às duzentas milhas marítimas, contadas a partir das linhas de base que servem para medir a largura do mar territorial.

Art. 7º Na zona econômica exclusiva, o Brasil tem direitos de soberania para fins de exploração e aproveitamento, conservação e gestão dos recursos naturais, vivos ou não-vivos, das águas sobrejacentes ao leito do mar, do leito do mar e seu subsolo, e no que se refere a outras atividades com vistas à exploração e ao aproveitamento da zona para fins econômicos.

Art. 8º Na zona econômica exclusiva, o Brasil, no exercício de sua jurisdição, tem o direito exclusivo de regulamentar a investigação científica marinha, a proteção e preservação do meio marítimo, bem como a construção, operação e uso de todos os tipos de ilhas artificiais, instalações e estruturas.

[...]

CAPÍTULO IV
Da Plataforma Continental
Art. 11. A plataforma continental do Brasil compreende o leito e o subsolo das áreas submarinas que se estendem além do seu mar territorial, em toda a extensão do prolongamento natural de seu território terrestre, até o bordo exterior da margem continental, ou até uma distância de duzentas milhas marítimas das linhas de base, a partir das quais se mede a largura do mar territorial, nos casos em que o bordo exterior da margem continental não atinja essa distância.

[...]

Art. 12. O Brasil exerce direitos de soberania sobre a plataforma continental, para efeitos de exploração dos recursos naturais.

Um Estado pode pretender que sua legislação interna seja aplicada a fato ocorrido fora de seu território ou a pessoa que não esteja nele. Neste caso, a possibilidade de fazer valer sua pretensão em face de outro Estado depende da colaboração deste ou da capacidade de se fazer isso por imposição. A tendência do direito internacional – que muitas vezes não se concretiza – é de se opor às imposições unilaterais de um Estado em relação a outro, pois, isso significaria interferir na soberania e autodeterminação dos povos.

Soberania e *território* são comumente aceitos como elementos constitutivos do Estado. No entanto, há outro que pode ser incluído: o povo.

1.1.3. Povo

Conforme indicamos anteriormente, o Estado exerce sua soberania em determinado território. O povo é o elemento humano que se subordina ao poder soberano no Estado e ao mesmo tempo recorre à sua tutela para defender seus direitos.

Povo é um termo ambíguo, carregado de diversas significações. Ele aparece recorrentemente na retórica política. Aqui, o termo "povo" designa, especificamente, um *conjunto de cidadãos*.

A *cidadania* implica um vínculo permanente entre um indivíduo a um determinado Estado. Tal vinculação resulta na permissão jurídica para o cidadão influenciar a formação e transformação do Estado, bem como na submissão à autoridade estatal, mesmo estando fora de seu território (nessa hipótese, como vimos, há eventual dificuldade para se efetivar tal controle).

A concepção de povo distingue-se de outros dois termos, também utilizados para designar contingentes humanos dos Estados: *população* e *nação*. Vejamos cada um:

I. População é um indicativo numérico, demográfico, que designa os indivíduos habitantes determinado território de um Estado. Portanto, a população não é formada de cidadãos, pois estes, como dito, possuem um vínculo político/jurídico com o Estado. Logo, numa localidade pode haver grande população, mas, ao mesmo tempo, poucos cidadãos. Isso ocorre, sobretudo, quando há deslocamentos significativos de contingentes populacionais de imigrantes para determinados territórios. Este tipo de situação costuma trazer uma série de dificuldades, pois, o Estado, tendencialmente, não trata os cidadãos da mesma maneira que os não cidadãos (especialmente porque estes não são considerados eleitores geralmente).

II. Nação designa algo diferente de povo e de população. Neste caso, novamente, existem certas ambiguidades. O termo "nacionalidade" muitas vezes se confunde com "cidadania". É comum ouvir que alguém adquiriu outra "nacionalidade" se naturalizando como cidadão de outro país. No entanto, nação não é conjunto de cidadãos, pois, o vínculo que une indivíduos numa mesma nacionalidade não é jurídico, mas sim *cultural*. Uma nação possui uma unidade que pode se manifestar em vários aspectos: idioma, religião, costumes, alimentação, vestuário etc. É possível que uma nação não tenha um Estado correspondente (por exemplo, os bascos, que inclusive demandam independência em relação à Espanha). Noutros casos, há nações que se concentram em um Estado, mas se dispersam em vários outros, como é o caso dos judeus – constituem majoritariamente o Estado de Israel e estão presente maciçamente em outras localidades (importante destacar que a religiosidade é apenas um dos aspectos da nação judaica). Como a nacionalidade é uma condição cultural, pode haver dificuldade para se afirmar quando um sujeito, ou seus descendentes, passaram ou deixaram de integrar uma nação. Tal imprecisão é maior quando a nação não tem características bem delineadas ou rituais bem definidos para indicar esta integração ou ruptura. Por fim, cabe observar que um indivíduo pode integrar um povo, mas pertencer a outra nação. Ainda que seja feita a distinção técnica entre nacionalidade e cidadania, comumente tais termos são utilizados de maneira indiferente, inclusive pelas legislações dos Estados.

No que concerne à cidadania, um sujeito pode ser considerado cidadão *nato* de um Estado ou então *naturalizado* (neste caso, a expressão nacionalidade é bastante utilizada, inclusive no texto constitucional brasileiro, portanto, é comum se falar em aquisição de nacionalidade). O cidadão naturalizado tem direitos políticos mais restritos, geralmente não podem ocupar os mais altos cargos do Estado, como a Presidência da República, por exemplo.[4]

A cidadania decorrente da *naturalização* ocorre por intermédio da manifestação de vontade do sujeito em integrar o povo de um Estado. A aceitação desse pedido depende das condições previamente estabelecidas pela própria legislação estatal. Geralmente, os países que possuem maior intolerância à diversidade cultural ou querem conter fluxos migratórios procuram estabelecer regras mais rígidas para aquisição da cidadania. Comumente, a aquisição de uma cidadania implica a perda daquela que o sujeito possuía originalmente. Isto, contudo, pode não ocorrer quando se trata apenas de *reconhecimento* de uma segunda cidadania. Neste caso, o sujeito possui uma cidadania,

---

4   No caso Brasil, as restrições estão nos incisos do parágrafo 3º do artigo 12 da Constituição Federal, e se referem a ocupação dos seguintes cargos: I - de Presidente e Vice-Presidente da República; II - de Presidente da Câmara dos Deputados; III - de Presidente do Senado Federal; IV - de Ministro do Supremo Tribunal Federal; V - da carreira diplomática; VI - de oficial das Forças Armadas; VII - de Ministro de Estado da Defesa.

mas ao mesmo tempo já preenche os requisitos para que outro Estado o reconheça como cidadão. Neste caso, não há naturalização, mas sim, dupla cidadania.

A condição de cidadão *nato*, por sua vez, é reconhecida pelo Estado comumente por meio de dois critérios:

I. Critério de sangue (*ius sanguinis*): é considerado cidadão o descendente de outros cidadãos. Em alguns casos se exige que ambos os genitores sejam cidadãos do Estado, noutros, esta exigência recai apenas sobre o pai ou a mãe. Há também Estados que exigem descendência direta, outros aceitam descendência de segundo (avós) ou terceiro grau (bisavós).

II. Critério de solo (*ius soli*): é considerado cidadão aquele que nasce com vida no território do Estado.

Países que perderam a presença de cidadãos por conta da emigração costumam adotar o *ius sanguinis*, a fim de que eles e seus descendentes se mantenham vinculados ao seu país de origem. Países que aumentaram sua população em decorrência de imigração costumam adotar o *ius soli*, a fim de fazer com que os descendentes dos imigrantes sejam considerados cidadãos do Estado para o qual vieram.

No Brasil, adota-se o critério de solo e também de sangue, pois há hipóteses em que o descendente de pais brasileiros, mesmo nascido em território estrangeiro, pode ser reconhecido como brasileiro nato. Segundo a Constituição Federal brasileira, para que alguém nascido no estrangeiro seja considerado brasileiro é necessária a combinação de *dois requisitos*, a saber: (i) o pai ou a mãe deve ser brasileiro(a); (ii) *uma* das *três* condições a seguir deve ser cumprida: o pai ou a mãe, que é brasileiro(a), tem de estar no estrangeiro a serviço Estado brasileiro; ou o nascido deve ser registrado em repartição brasileira competente;

ou o nascido, vindo a residir no Brasil, deve optar, após atingir a maioridade, pela nacionalidade brasileira.

Da nacionalidade

Texto extraído da Constituição Federal da República Federativa do Brasil

Art. 12. São brasileiros:

I - natos:

a) os nascidos na República Federativa do Brasil, ainda que de pais estrangeiros, desde que estes não estejam a serviço de seu país;

b) os nascidos no estrangeiro, de pai brasileiro ou mãe brasileira, desde que qualquer deles esteja a serviço da República Federativa do Brasil;

c) os nascidos no estrangeiro de pai brasileiro ou de mãe brasileira, desde que sejam registrados em repartição brasileira competente ou venham a residir na República Federativa do Brasil e optem, em qualquer tempo, depois de atingida a maioridade, pela nacionalidade brasileira; (Redação dada pela Emenda Constitucional nº 54, de 2007).

II - naturalizados:

a) os que, na forma da lei, adquiram a nacionalidade brasileira, exigidas aos originários de países de língua portuguesa apenas residência por um ano ininterrupto e idoneidade moral;

b) os estrangeiros de qualquer nacionalidade, residentes na República Federativa do Brasil há mais de quinze anos ininterruptos e sem condenação penal, desde que requeiram a nacionalidade brasileira (Redação dada pela Emenda Constitucional de Revisão nº 3, de 1994).

§ 1º Aos portugueses com residência permanente no País, se houver reciprocidade em favor de brasileiros, serão atribuídos os direitos inerentes ao brasileiro, salvo os casos previstos nesta Constituição (Redação dada pela Emenda Constitucional de Revisão nº 3, de 1994).

1.2. Formação e extinção dos Estados

A partir dos elementos constitutivos do Estado, estabeleceu-se uma tradicional tipologia a respeito da formação e extinção dos Estados. Ainda que existam distinções terminológicas entre os autores, o eixo central da argumentação é bastante semelhante.

Inicialmente cabe ressalvar, que tal tipologia pode ser útil para caracterizar determinadas situações que ocorrem recorrentemente. Contudo, esta forma explicativa da formação dos Estados possui duas limitações. Primeiro, a experiência de constituição dos Estados é, por vezes, tão particular, que a tal tipologia não consegue abranger perfeitamente determinadas situações. Isso ocorre, especialmente, quando se trata dos períodos anteriores à modernidade. Segundo, a tipologia a respeito da formação dos Estados exclui justamente uma compreensão histórica a respeito das causas materiais que levaram ao surgimento dos primeiros Estados e dos subsequentes. Tal questão somente pode ser compreendida, conforme apontamos na introdução, a partir de um exame das transformações econômicas ocorridas a partir da modernidade, que se alastraram em escala global. Tais mudanças impactaram diversos aspectos da existência social e cultural, como a política, religião, moral, costumes, ciência etc., e foram responsáveis pela determinação da forma política dos Estados observada na atualidade. Por essa razão, deve-se notar que há um vazio explicativo na afirmação de que a formação originária de um Estado ocorre a partir do estabelecimento da ordem jurídica soberana sobre determinado território no qual se situa um povo.

Feitas estas ressalvas, quanto à *formação* dos Estados, a tipologia tradicional divide inicialmente dois casos:

a. Formação originária (fundação direta): hipótese na qual um Estado não surge a partir da existência de outro. Considerando os elementos constitutivos do Estado,

Teoria geral do Estado | 57

vistos anteriormente, isso ocorreria quando um povo passa a estar tutelado num determinado território por uma ordem jurídica soberana.

b. Formação secundária (derivada): hipótese na qual o Estado surge a partir de outros que já existiam anteriormente. Neste caso, há uma subdivisão de categorias em:

b.1. Fusão ou União: dois Estados se unem dando origem a um terceiro Estado, com personalidade jurídica distinta da anterior. Por exemplo, a *República do Iémen*, formada em 1990 na África, a partir da fusão entre a *República Árabe do Iémen* (*Iémen do Norte*) e a *República Democrática do Iémen* (*Iémen do Sul*).

b.2. Separação ou desmembramento: o Estado divide-se dando origem a outros. Assim, a formação de um novo Estado pode ocorrer a partir da *separação* de parte do território de outro Estado que já existia, por exemplo, o *Panamá*, na América Central, originalmente integrava a *República da Colômbia*, mas separou-se em 1903, com o apoio militar dos Estados Unidos, que tinha interesse na construção do canal do Panamá; ou ainda, a *República Árabe do Iémen*, mencionada anteriormente, que surgiu de um desmembramento do antigo *Império Otomano em 1918*. Outra hipótese é o *desmembramento* de um Estado em outros, com a sua dissolução, de modo que o Estado original deixa de existir. Um exemplo é formação da *República Tcheca* (atualmente Tchéquia) e a *Eslováquia*, na Europa, oriundas da separação, em 1993, da *Tchecoslováquia*, país que, por sua vez, teve origem na separação do Império *Austro-Húngaro*, em 1918, que deu origem a *Hungria*, *Áustria* e *Tchecoslováquia* dentre outros. Observação: o termo *secessão* é utilizado, sem muito rigor ou consenso etimológico, para indicar uma separação de Estados específica, decorrente de dissolução de Confederação, forma de Estado que será explicada adiante.

b.3. Emancipação: trata-se de uma hipótese semelhante à anterior, contudo, é utilizada para designar o surgimento de Estados a partir da sublevação popular. Neste caso, o Estado forma-se como resultado da luta de comunidades existentes no território, que constituem uma nação sem identidade com o restante do povo que integra o Estado. Historicamente, tal situação ocorreu nos territórios coloniais ou nos quais existia uma situação análoga à de colônia (formalmente a ONU determinou a extinção das colônias em 1960, contudo, elas subsistiram na prática durante décadas e existem até hoje em diversas localidades espalhadas pelo mundo).[5] O processo de emancipação pode ser mais pacífico (caso da Islândia, que se separou da Dinamarca por meio de um plebiscito em 1944) ou violento, envolvendo conflito armado (é o caso da Argélia, ex-colônia francesa, em 1962; de Angola, ex-colônia portuguesa, em 1975; das treze colônias que se tornaram independentes do Reino Unido em 1776, dando origem aos Estados Unidos da América posteriormente).

Alguns autores procuram distinguir formação "secundária" de "derivada", afirmando que esta última decorre de fatores externos ao Estado (colonização, concessão de direitos de soberania e atos de governo). Contudo, tal distinção nos parece desnecessária, por duas razões. Primeiro motivo: as três causas explicativas de formação derivada de Estado são insuficientes para abranger a multiplicidade e particularidade das experiências

---

5 Vide: UNITED NATIONS. Disponível em: <http://www.un.org/en/decolonization/index.shtml>. Acesso em: 01 nov. 2013.

históricas existentes no que diz respeito à formação dos Estados. Segundo motivo: nas três hipóteses de formação derivada mencionadas, há o surgimento de um Estado a partir de outro preexistente, portanto, não deixaria de haver uma formação não originária, portanto, secundária, ou seja, se o critério de classificação, em primeiro lugar, se estabelece pelo fato de o Estado ter surgido ou não a partir de outro, a ausência ou presença de "fator externo" não modifica tal critério, apenas adiciona uma subdivisão dentro das formações secundárias.

Quanto à *extinção* dos Estados, a tipologia existente afirma que ela ocorre nas seguintes hipóteses:

a. Fusão ou união: hipótese em que um Estado surge do agrupamento de outros anteriores e estes, que lhe deram origem, são extintos por consequência. Neste caso, a fusão ou união faz com que Estados deixem de existir para dar origem a outro. Remetendo ao exemplo mencionado, quando a *República do Iémen* foi formada, foram extintas, em decorrência da fusão, a *República Árabe do Iémen* e a *República Democrática do Iémen*.

b. Separação ou desmembramento: hipótese em que a separação de um Estado, dando origem a novos Estados, implica a extinção daquele que existia originariamente. Remetendo ao exemplo anteriormente mencionado, foi o caso da formação da *República Tcheca* e da *Eslováquia*, na Europa, que implicou a extinção da *Tchecoslováquia*. Não há extinção quando um Estado apenas desmembra *parte* de seu território para dar origem a outro, pois neste caso o Estado original continua existindo. É o caso do Panamá, mencionado anteriormente, que surgiu de um desmembramento de parte do território da Colômbia.

c. Anexação ou incorporação: hipótese em que um Estado se extingue porque passa a integrar outro que já existia anteriormente. Neste caso, não há a formação de um novo Estado, pois apenas um é incorporado a outro, ou seja, extingue-se o primeiro, mas mantém-se a existência do segundo. Foi o caso da República do Texas, Estado que surgiu após o desmembramento do México em 1836 e foi anexado aos Estados Unidos em 1846. Neste caso, tratou-se de uma *anexação total*, que levou à extinção da República do Texas. A transferência de territórios de um Estado para outro é também denominada *anexação parcial*. Isso ocorreu, por exemplo, com o território do Alasca, vendido pela Rússia aos Estados Unidos em 1867.

A problemática da formação e extinção dos Estados tem relevância prática, sobretudo do ponto de vista do direito internacional que procura estabelecer regras para regulamentar as consequências em relação a: (i) tratados internacionais anteriormente firmados à formação ou extinção do Estado; (ii) cidadania (por exemplo, na hipótese de extinção de um Estado, há a opção de o cidadão assumir nova cidadania que surge ou manter a original); (iii) responsabilidade das obrigações financeiras internacionais (por exemplo, determinar quem assumirá as dívidas do Estado original, quando ele, desmembrado, dá origem a dois ou mais); (iv) domínio do Estado (situação dos bens públicos de Estados extintos).

Percebe-se que na tipologia existente a respeito da formação e extinção dos Estados, o ponto fundamental são os elementos constitutivos do Estado. Por exemplo: ao renunciar sua *soberania*, há a extinção de um Estado e seu *território* é anexado ao de outro; ao lutar pela *soberania*, um *povo* busca sua autodeterminação sobre um *território*, com a formação de um Estado, como foi o caso da emancipação de Timor Leste em relação à Indonésia, que se consolidou em 2002. Por conta disso, a perda da *soberania* ou do *território*, implica a extinção do Estado (quando tal perda é temporária, costuma-se afirmar que isto não ocorre, contudo, é difícil determinar com precisão o que é temporário). Situação semelhante ocorre quando um determinado povo deixa de existir. Por essa razão, costuma-se afirmar que os elementos constitutivos podem desaparecer em decorrência de *cinco* causas, que são:

I.   causas naturais: doenças epidêmicas, desastres naturais etc. que dizimem o povo;

II. emigração: deslocamento não forçada do povo para outro território;

III. expulsão: emigração forçada de um povo para outro território (conceito bastante vago, pois muitas vezes a emigração pode ser vista como voluntária, mas decorrer de problemas como guerra civil ou crise econômica);

IV. conquista do Estado: perda de soberania, geralmente decorrente de guerras, que resulta em uma espécie de anexação de um Estado por outro;

V.   renúncia da condição de Estado: manifestação voluntária do próprio Estado no sentido de se extinguir, implicando, invariavelmente, em anexação ou separação.

No caso das três primeiras possibilidades, o elemento constitutivo afetado é o *povo*. No entanto, ainda que tais fatos ocorram contemporaneamente, tais intercorrências não têm levado à extinção de um Estado, pois tais fatos acabam não recaindo sobre a totalidade dos cidadãos de um Estado.

Quantos às outras duas possibilidades (conquista e renúncia), ambas estão ligadas à soberania do Estado e seu território. No fundo, nota-se que tais "causas" de extinção do Estado já estão abrangidas pelas classificações anteriormente mencionadas, pois, como dissemos, tais fenômenos apenas mostram hipóteses de *anexação* ou *separação*. Portanto, tal tipologia se torna desnecessária – porque já abrangida pelos critérios anteriores – e insuficientes, pois não dão conta de explicar as particularidades das diversas experiências históricas. A título de exemplo temos o caso da Palestina e de Israel, situações que não se explicam simplesmente pelas categorias de conquista e renúncia. Conclusão: o melhor procedimento consiste em utilizar a tipologia descrita (fusão, separação e anexação) para *descrever* a espécie de extinção de Estado ocorrida, que, no entanto, deve ser *explicada* por meio de uma descrição particular, que considere a experiência histórica própria do caso examinado, sob pena de se incorrer em generalizações abstratas que não contribuem para uma compreensão adequada do que é o Estado e de como ele tem se transformado ao longo do tempo.

Indicações de leitura:

BERCOVICI, Gilberto. *Soberania e constituição*: para uma crítica do constitucionalismo. 2. ed. São Paulo: Quartier Latin, 2013.

HIRSCH, Joachim. *Teoria materialista do estado*. São Paulo: Revan, 2010.

HOBSBAWM, Eric. *Nações e nacionalismo*: desde 1780. 6. ed. Rio de Janeiro: Paz e terra, 2013.

2
ORGANIZAÇÃO DO ESTADO

No âmbito da Teoria Geral do Estado consolidou-se um conjunto terminológico para descrever os diferentes tipos de organização/estruturação que o Estado adota. Apesar de não haver um consenso terminológico entre os autores, o mais comum é utilizar uma tipologia que distingue: (i) forma de governo; (ii) sistema de governo; (iii) forma de Estado; (iv) forma de intervenção do Estado na economia; (v) regime de governo. A partir destas distinções, fala-se, por exemplo, em Estado republicano, presidencialista, federativo, socialista, democrático etc.

As tipologias utilizadas para descrever a organização do Estado têm como elemento central o poder do Estado, ou seja, elas explicam como o poder estatal atua e como encontra-se distribuído em diversos entes/instituições. O ponto inicial da organização do poder estatal, contudo, não está abrangido pelas cinco tipologias que mencionamos, pois, o primeiro nível de distribuição do poder Estado resulta na denominada "separação dos poderes" que dá origem a três instituições distintas: o Poder Executivo, o Poder Legislativo e o Poder Judiciário.

Entender a separação dos poderes será útil para compreender os cinco grupos tipológicos que serão explicados mais adiante (forma de governo, sistema de governo, forma de Estado, forma de intervenção do Estado na economia e regime de governo).

2.1. Separação dos poderes

O Estado moderno se organiza a partir da separação do Poder Executivo, Legislativo e Judiciário. Atribui-se a cada poder uma finalidade principal distinta que é denominada de *função típica*. Com isso, se estabelece como típico para cada um dos poderes o exercício da: (i) administração pública (Executivo); (ii) atividade legislativa e a fiscalização do Poder Executivo (Legislativo); (iii) a atividade jurisdicional (Judiciário).

De modo *atípico*, um Poder pode exercer aquilo que é a função típica do outro. No Brasil, por exemplo, o Poder Executivo pode legislar criando medidas provisórias; o Poder Legislativo pode exercer função jurisdicional julgando o Presidente da República por crime de responsabilidade; o Poder Judiciário pode praticar atos administrativos na gestão interna de seu pessoal e de sua estrutura.

A expressão "separação de poderes" é criticada porque conduz a ideia equivocada de que haveria poderes distintos, quando na realidade o poder soberano do Estado é uno e indivisível. Portanto, o ideal seria falar em divisão de funções ou distinção de poderes, contudo, a consagração da expressão "separação dos poderes" ou "tripartição dos poderes" conduz ao seu uso dentro e fora da teoria política.

A concepção de separação dos poderes nos moldes atuais tem como principal referência o pensamento jurídico-político moderno. Dentre os pensadores, destaca-se o filósofo inglês John Locke (1632-1704), os "Federalistas" norte-americanos

(John Jay: 1745-1829; James Madison: 1751-1836; e Alexander Hamilton: 1757-1804) e, sobretudo, o filósofo francês Montesquieu (1689-1755) e sua célebre obra *O espírito das leis* (1748). O ponto comum de todos esses autores consiste em estabelecer uma organização do Estado por meio de instituições que fossem capazes de evitar a concentração de poderes em torno do monarca, de modo a preservar a legalidade e evitar da arbitrariedade dos governantes.

A teoria da separação dos poderes predominante na atualidade faz a distinção entre o Poder Executivo, o Poder Legislativo e o Poder Judiciário. Essa tripartição tem as seguintes finalidades: (i) evitar a concentração de poder; (ii) preservar a relação entre os poderes em observância ao princípio da harmonia, independência e indelegabilidade; (iii) estabelecer mecanismos de controle recíproco entre eles.

As finalidades acima descritas dão origem ao denominado *sistema de freios e contrapesos* ("*check and balances*") que pode ser definido como *conjunto de mecanismo jurídico-políticos de equilíbrio dos poderes que possibilita a atuação recíproca entre eles de modo a preservar a existência e funcionamento regular de cada um*. No Brasil, o funcionamento do *sistema de freios e contrapesos* pode ser ilustrado a partir dos seguintes mecanismos:

I. O Executivo possui poder para: (i) vetar de projetos de lei aprovados pelo Poder Legislativo; (ii) indicar membros do Poder Judiciário (ministros do Supremo Tribunal Federal (STF), por exemplo); (iii) conceder indultos no âmbito criminal, alterando os efeitos de condenação criminais proferidas pelo Judiciário.

II. O Legislativo possui poder para: (i) fiscalizar e julgar as contas do Poder Executivo; (ii) organizar e aprovar o orçamento do Poder Executivo; (iii) julgar o presidente e ministros do STF por crimes de responsabilidade e, consequentemente, realizar o *impeachment* (impedimento) deles; (iv) fixar despesas do Poder Judiciário; (iv) rejeitar nomes indicados pelo Executivo para compor o Poder Judiciário.

III. O Judiciário possui poder para: (i) declarar inconstitucional quaisquer normas jurídicas criadas pelo Poder Legislativo ou pelo Executivo; (ii) limitar ou tornar sem efeito atos administrativos oriundos do Poder Executivo que afrontem a legislação vigente.

Conclui-se assim que por meio do referido sistema são preservados os três princípios mencionados (harmonia, independência e indelegabilidade), permitindo que: (i) um poder possa coexistir com outro; (ii) nenhum poder se subordine ao outro; (iii) não haja delegação das funções entre eles (no Brasil, a lei delegada é uma hipótese excepcional prevista na Constituição, na qual o Poder Legislativo, dentro de certos limites, delega para o Poder Executivo o poder para criar uma lei específica).

Além dos três poderes, a organização mais atual dos poderes do Estado resulta na constituição de uma outra instituição: o Ministério Público. A tendência da atualidade faz com que o Ministério Público não se encontre subordinado a nenhum dos três poderes. No Brasil, o Ministério público "é instituição permanente, essencial à função jurisdicional do Estado, incumbindo-lhe a defesa da ordem jurídica, do regime democrático e dos interesses sociais e individuais indisponíveis" (art. 127 da Constituição Federal) e na Constituição Federal de 1988 sua independência restou consagrada. A atuação do Ministério Público ocorre por meio de Promotores e Procuradores de Justiça e estende-se por diversos campos (direito penal, direito do consumidor, direito do trabalho, direito ambiental etc.) sempre que haja questões de interesse social ou individual indisponível e de defesa da ordem jurídica e do patrimônio nacional e público.

Conforme veremos mais adiante, o Brasil adota uma forma de Estado federativa, na qual se distingue a União, estados-membros da federação, municípios e distrito federal. Assim, considerando a tripartição de poderes acima descrita e o federalismo brasileiro, temos o seguinte quadro:

Brasil	União	Estados	Municípios
Poder Executivo	Presidência da república e Ministérios	Governo do Estado e Secretarias	Prefeitura Municipal e Secretarias
Poder Legislativo	Congresso Nacional (Câmara dos deputados e Senado Federal)	Assembleias Legislativas	Câmara de vereadores
Poder Judiciário	Justiça Federal	Justiça Estadual	--

No Brasil, a organização judiciária brasileira distingue a *justiça comum* (subdivida em federal e estadual) da *justiça especializada* (subdivida em justiça do trabalho, militar e eleitoral). O Ministério Público, por sua vez, também divide-se em federal e estadual e há igualmente uma especialização que resulta no Ministério Público do trabalho, militar e eleitoral (contudo, o ministério público eleitoral não possui estrutura própria, sendo composta por membros do ministério púbico federal e estadual). Tanto o Poder Judiciário quanto o Ministério Público podem criar subdivisões internas para concentrar seus membros em um ramo do direito específico, por exemplo, estabelecendo que procuradores e promotores de justiça atuem com questões ambientas, ou ainda, organizando os magistrados para atuar apenas em questões de direito penal ou de direito público.

2.2. Forma de governo

Quanto à forma de governo, um Estado pode ser classificado como república e monarquia. Neste caso, deve-se ressalvar que a monarquia e a república na atualidade se distinguem sensivelmente do que existia na antiguidade. O ponto comum entre o sentido das formas de governos na atualidade e na antiguidade pode ser assim resumido: a monarquia indica o poder político concentrado em um único sujeito e a república o compartilhamento do poder político entre os cidadãos.

Na atualidade, nos Estados monárquicos – Espanha, Reino Unido, Holanda, por exemplo – o monarca possui poderes políticos bastante limitados, ao contrário das monarquias do denominado "antigo regime". Anteriormente, nas monarquias absolutistas o rei era considerado *legibus solutus*, ou seja, sujeito acima da lei, portanto, não estava submetido ao princípio da legalidade, tampouco tinha seu poder condicionado pelos súditos. Esse modelo começou a entrar em decadência na modernidade, com o desenvolvimento do capitalismo e com as pressões populares. O monarca perdeu parte substancial de seu poder político, cedendo a função de governar ao primeiro-ministro (vide "Sistema de governo" a seguir). Sem o poder efetivo de governar, o monarca passou a ocupar a condição de chefe de Estado, com um número reduzido, quase ínfimo, de atribuições políticas.

A condição de monarca na atualidade tem as seguintes características:

I. Vitaliciedade: o monarca ocupa sua posição durante toda vida, a menos que, por iniciativa própria, abdique do trono. Não há prazo ou condição, portanto, para permanência em sua posição política.

II. Hereditariedade: outra característica típica das monarquias é a transmissão hereditária da condição de monarca, para seus descendentes diretos ou, na falta destes, para outros membros da família real.

III. Irresponsabilidade: suas decisões políticas não podem implicar na perda da condição de monarca. Atualmente, isso não significa que não esteja sujeito à lei, mas sim que não pode ser responsabilizado politicamente por suas decisões, perdendo sua posição em função delas.

As características acima mencionadas ficam mais claras, conforme descrevemos outra forma de governo: a República.

A forma de governo republicana tem sua origem na antiga civilização Romana e esteve vigente de 509 a.C. a 27 a.C. Distingue-se da monarquia pela extensão dos direitos políticos a diversos segmentos da sociedade e pela eletividade de representantes políticos. Ainda assim, a república romana não se assemelha perfeitamente com as repúblicas modernas, pois, o republicanismo moderno possuía um ideal de igualdade de direitos políticos incompatível com o da civilização romana, que além de escravocrata por princípio, entendia que os patrícios, descendentes dos fundadores de Roma, tinham uma condição política diferenciada, superior.

Apesar das peculiaridades históricas, a república moderna possui elementos de semelhança com a república antiga, razão pela qual essa terminologia é utilizada na atualidade. Conforme veremos a seguir, a forma de governo republicana pode ser presidencialista ou parlamentarista. Em ambas, o cargo de primeiro-ministro e de presidente da república é ocupado com as seguintes características:

I. Temporalidade: o cargo de presidente da república ou primeiro-ministro é temporário. Conforme veremos, no primeiro caso o prazo é determinado e no segundo é indeterminado. Ambos, no entanto, não são vitalícios.

II. Eletividade: os governantes na república são eleitos, diretamente pelos cidadãos (presidente da república) ou por representantes que foram eleitos pelos cidadãos (primeiro-ministro). Portanto, não há transmissão hereditária do cargo, ainda que haja a possibilidade de um cidadão ser eleito para o mesmo cargo que seus ascendentes ocuparam.

III. Responsabilidade: na república, os governantes podem ser responsabilizados por suas decisões políticas, razão pela qual são constrangidos politicamente a prestar contas de suas ações. O grau de responsabilidade dos presidentes da república é menor que o dos primeiros-ministros, pois este pode perder o mandato caso suas decisões políticas provoquem a desaprovação do parlamento.

Apesar dos inúmeros argumentos para defesa da monarquia, trata-se de uma forma de governo arcaica, cuja tendência é desaparecer, uma vez que indica a existência de uma organização política em que alguns detêm privilégios pessoais injustificáveis. Argumentar pela tradição é um dos piores meios de defender a manutenção das monarquias, afinal, historicamente, as piores atrocidades e diversas formas de preconceito foram e têm sido perpetuadas argumentando-se que se trata de algo tradicional.

2.3. Sistema de governo

A *forma* de governo, explicada anteriormente, não se confunde com o *sistema* de governo, que pode ser classificado como presidencialista ou parlamentarista.

O parlamentarismo tem como características:

I. Chefia dupla: distingue-se o Chefe de Governo (primeiro-ministro ou premiê) e o Chefe de Estado (presidente, na república; rei ou rainha, na monarquia). O Chefe de Governo, como o próprio nome já indica, é quem realmente governa, sendo responsável pelas principais decisões do Poder Executivo. O Chefe de Estado, via de regra, tem a função de representar o Estado e os cidadãos, exercendo especialmente uma função diplomática. Em alguns Estados republicanos parlamentaristas, o Presidente da República acumula outras atribuições e tem uma função mais relevante do ponto de vista governamental.

II. Maior interdependência entre o Poder Executivo e o legislativo: o Chefe de Governo é eleito pelo parlamento, órgão legislativo. O parlamento, por sua vez, é eleito pelo voto direto dos cidadãos. Portanto, se comparado com o presidencialismo, há uma maior interdependência entre os poderes. O *Chefe de Governo* é eleito *indiretamente*, não por uma decisão direta dos cidadãos, enquanto o *Chefe de Estado* é eleito *diretamente* pelos cidadãos, no caso do Presidente da República, ou assume o cargo *hereditariamente*, no caso da monarquia.

III. Mandato com maior responsabilidade política: o chefe de governo – primeiro-ministro – não apenas é eleito pelo parlamento, como também pode ser deposto por esse órgão. Portanto, o primeiro-ministro pode ser responsabilizado por suas decisões políticas, perdendo seu mandato, e consequentemente precisa manter constantemente o apoio do parlamento. Quando o primeiro-ministro pretende reafirmar sua posição política, pede um voto de confiança ao parlamento, que pode ou não confirmar seu cargo. Quando, por outro lado, a representatividade do parlamento é colocada em dúvida, ocorre a dissolução do parlamento por iniciativa do próprio primeiro-ministro ou do Chefe de Estado (monarca ou presidente da república, conforme a forma de governo existente).

IV. Mandato por prazo indeterminado: o primeiro-ministro não tem prazo determinado para exercer seu cargo. A manutenção nesta posição dependerá do contínuo apoio do parlamento para se manter em sua posição.

O presidencialismo tem como características:

I. Chefia única: ao contrário do parlamentarismo, no sistema de governo presidencialista o Chefe de Estado e o Chefe de Governo são uma única pessoa, o Presidente da República. Como nas monarquias atuais o rei ou a rainha não mais governam, mas sim o primeiro-ministro, o presidencialismo é sistema de governo exclusivo da forma de governo republicana.

II. Menor interdependência entre o Poder Executivo e o legislativo: o Presidente da República é eleito pelo voto direto dos cidadãos e não pelos membros do Poder Legislativo. No presidencialismo, portanto, a eleição do Chefe do Poder Executivo não depende do Poder Legislativo, ao contrário do que acontece no parlamentarismo. Mesmo assim há um sistema de independência e harmonia entre os Poderes: por exemplo, o Executivo sanciona ou veta os projetos de lei aprovados no Legislativo e este fiscaliza as contas daquele e estabelece seu orçamento a cada ano.

III. Mandato por prazo determinado: o Presidente da República exerce seu mandato por prazo predeterminado na legislação, geralmente, quatro anos. Em alguns países, como o Brasil, é possível a reeleição. Ao contrário do parlamentarismo, o mandato do Presidente da República, em tese, não pode ser interrompido por decisão política do Poder Legislativo. A hipótese de cassação de mandato do Presidente da República, denominado "impeachment" (impedimento), pelo Legislativo somente pode ocorrer caso o Chefe do Poder Executivo pratique um crime, não por conveniência política (ainda que, na prática, um julgamento puramente político pode ser travestido de acusação criminal, porém, mesmo neste caso, é necessário, no mínimo, que se impute ao Presidente crime de responsabilidade, o que não é exigido no parlamentarismo).

IV. Mandato com menor responsabilidade política: conforme vimos no item anterior, o Presidente da República não é investido em seu mandato, tampouco mantido nele, por intermédio do Legislativo. Além disso, o mandato no presidencialismo tem prazo certo, independentemente do acerto das decisões políticas tomadas ao longo da gestão. Por essas razões, o Presidente da República não tem a mesma responsabilidade política que um primeiro-ministro no parlamentarismo. No entanto, quando existe a possibilidade de concorrer à reeleição, a responsabilidade do governante aumenta no primeiro mandato, pois a manutenção da popularidade é essencial para aumentar as chances de vitória na reeleição.

2.4. Forma de Estado

Do ponto de vista de sua forma, os Estados podem ser classificados como: (i) Estados simples, e neste caso, subclassificados como *Unitários* ou como *Federativos*; (ii) Estados compostos, e neste caso, subclassificados como *Estado Confederado* ou como *União política e econômica de Estados*. As duas primeiras hipóteses são mais comuns. A existência de *Federação, Confederação* e *União política e econômica de Estados* indica um grau de autonomia política entre as partes componentes, situação diferente daquela que enseja a classificação de Estado *Unitário* (no qual pode haver maior ou menor concentração de poder político).

A denominação *Estado simples* indica a existência de um único Estado. O *Estado composto*, conforme o nome sugere, indica a coexistência de vários Estados que estabelecem um vínculo jurídico e político entre si. Dentre outras formas de Estado, aparecem os termos *União pessoal*[1] e *União real*,[2] contudo, do ponto de vista da Teoria Geral do Estado tais denominações perderam relevância, por serem critérios anacrônicos, ligados, sobretudo, às antigas monarquias europeias.

Vejamos cada uma das formas de Estado existentes:

a. Estado Unitário: conforme o nome indica, há uma centralização do poder político em um único nível, que concentra a administração pública e a produção legislativa. Ainda que exista uma distinção entre Executivo e Legislativo, inexistem tais poderes em níveis regionais ou locais. No caso do Judiciário, ainda que existam Varas de Justiça nas localidades e/ou especializadas, os Tribunais de Justiça e os Tribunais Superiores estão todos ligados na mesma estrutura administrativa.

b. Estado Federativo: há uma descentralização do poder político em, no mínimo, dois níveis, o da União Federal e o dos Estados membros da Federação. Neste caso, há o Poder Executivo e Legislativo Federal e também o Estadual. Cada estado membro da federação possui uma Constituição Estadual e estão unidos por uma Constituição Federal. O Poder Judiciário também se

---

1 União pessoal: é união de dois ou mais Estados sob um mesmo monarca, ou seja, ambos os países passam a ter um Chefe de Estado – rei ou rainha – em comum. Neste caso, os Estados continuam existindo e não perdem sua autonomia, seja no plano interno ou externo. Portugal e Espanha formam uma união pessoal entre 1580 a 1640, sob o governo do rei Filipe II, que deu origem a União Ibérica. Brasil e Portugal também formaram uma breve união pessoal em 1826, pois com a morte do rei de Portugal (Dom João VI) o imperador do Brasil, Dom Pedro I (Dom Pedro IV de Portugal), assumiu os dois tronos simultaneamente, o lusitano e o brasileiro.

2 União real: assim como na união pessoal, dois ou mais Estados se unem sob um mesmo Chefe de Estado. No plano interno os Estados conservam parte de sua autonomia, de modo parecido com uma federação, contudo, sua principal característica encontra-se no plano externo (internacional): os Estados membros passam ser representados perante os demais Estados e a sociedade internacional por uma pessoa jurídica de direito público internacional própria, ou seja, distinta dos Estados que compõe a união real. O exemplo mais notório é o Império Austro-Húngaro formado em 1867 e dissolvido no início do século XX.

divide em Estadual e Federal, isso significa que o Poder Judiciário estadual possui uma autonomia administrativa em relação à federal.

c. Estado Confederado: diferente da forma de Estado Federativo, a Confederação de Estados implica uma reunião de Estados, sem que haja a perda da respectiva soberania de cada um. A união ocorre por meio de um tratado internacional e não de uma Constituição (como ocorre na formação de Estado Federativo). Os Estados membros de uma Confederação mantêm o direito de secessão, podendo se separar dos demais. Isso ocorre quando o tratado internacional é *denunciado* por aquele que pretende a separação (*denúncia*, em direito internacional, é o ato por meio do qual um Estado manifesta unilateralmente que não mais integra um tratado).

d. União política e econômica de Estados: a constituição da União Europeia (UE) deu origem a uma forma organização política *sui generis*, ou seja, dotada de características particulares que não permite ser enquadrada dentro da classificação tradicional da Teoria Geral do Estado (por essa razão, tal forma de união pode não ser colocada como uma *forma de Estado composto*, uma vez que há argumentos substanciais para se afirmar que a União Europeia não forma um Estado propriamente ou é apenas um Estado em construção). Como se trata de algo único até o momento, caso surjam uniões de Estados com características semelhantes poderá surgir uma nova denominação dentro da classificação tradicional como *União política e econômica de Estados* ou ainda, em língua inglesa, expressões como *association of compound states* (associação de estados compostos, em tradução livre), já utilizada no momento. A União Europeia, atualmente, se define como uma "união econômica e política de características únicas".[3] Existem outras uniões de Estados, comumente denominado "blocos econômicos" (por exemplo, o Mercosul), contudo, nenhum alcançou o grau de integração da UE, especialmente no campo político e econômico, razão pela, como dito, isso faz dela algo *sui generis*. A UE não pode ser considerada uma *federação* por diversas razões, dentre as quais: não constitui um Estado soberano, não possui uma Constituição e forças armadas próprias e preserva o direito de secessão dos Estados-membros (o *Brexit*, saída do Reino Unido da UE, ilustra isso). De outro lado, a UE não pode ser considerada uma *confederação* por várias razões, dentre as quais: a UE é dotada de instituições supranacionais cujas decisões não se sujeitam ao veto de um dos Estados membros em particular; há delegação de competências para UE muito maior quem na forma confederativa; o direito comunitário (oriundo da UE) se sobrepõe ao direito nacional de cada Estado, inclusive no nível constitucional.

---

3 UNIÃO EUROPEIA. Disponível em: <https://europa.eu/european-union/about-eu/eu-in-brief_pt>. Acesso em: 15 dez. 2017.

Sobre a União Europeia (UE)*
Objetivos e valores da UE

Objetivos

Os objetivos da União Europeia são:

- promover a paz, os seus valores e o bem-estar dos seus cidadãos
- garantir a liberdade, a segurança e a justiça, sem fronteiras internas
- favorecer o desenvolvimento sustentável, assente num crescimento econômico equilibrado e na estabilidade dos preços, uma economia de mercado altamente competitiva, com pleno emprego e progresso social, e a proteção do ambiente
- lutar contra a exclusão social e a discriminação
- promover o progresso científico e tecnológico
- reforçar a coesão econômica, social e territorial e a solidariedade entre os países da UE
- respeitar a grande diversidade cultural e linguística da UE
- estabelecer uma união econômica e monetária cuja moeda é o euro

[...]

Da união econômica à união política

A União Europeia é uma união econômica e política de características únicas, constituída por 28 países europeus que, em conjunto, abarcam grande parte do continente europeu. A antecessora da UE foi criada no rescaldo da Segunda Guerra Mundial. Os primeiros passos visavam incentivar a cooperação econômica, partindo do pressuposto de que se os países tivessem relações comerciais entre si se tornariam

---

* Extraído de: UNIÃO EUROPEIA. Disponível em: <https://europa.eu/european-union/about-eu/eu-in-brief_pt>. Acesso em: 15 dez. 2017.

economicamente dependentes uns dos outros, reduzindo assim os riscos de conflitos.

Foi assim, que, em 1958, foi criada a Comunidade Econômica Europeia (CEE), então constituída por seis países: Alemanha, Bélgica, França, Itália, Luxemburgo e Países Baixos. Desde então, mais 22 países aderiram a esta grande organização, formando um enorme mercado único (também conhecido como «mercado interno») que continua a evoluir para atingir o seu pleno potencial.

O que começou por ser uma união meramente econômica evoluiu para uma organização com uma vasta gama de domínios de intervenção, desde o clima, o ambiente e a saúde até às relações externas e a segurança, passando pela justiça e a migração. Em 1993, a Comunidade Econômica Europeia (CEE) passou a chamar-se União Europeia (UE), refletindo esta evolução.

Estabilidade, moeda única, mobilidade e crescimento

A UE é, há mais de meio século, um fator de paz, de estabilidade e de prosperidade, tendo contribuído para melhorar o nível de vida dos europeus e dado origem a uma moeda única, o euro. Mais de 340 milhões de cidadãos europeus de 19 países utilizam o euro como moeda e usufruem das suas vantagens.

Graças à supressão dos controlos nas fronteiras entre os países da UE, as pessoas podem circular livremente em quase todo o continente, sendo muito mais fácil viver, trabalhar e viajar noutros países da UE. Todos os cidadãos europeus têm o direito e a liberdade de escolher em que país da UE querem trabalhar, estudar ou passar a sua reforma. Em termos de emprego, segurança social e impostos, os países da UE devem tratar os outros cidadãos europeus exatamente da mesma forma que tratam os seus próprios cidadãos.

> O principal motor da economia europeia é o mercado único, que permite que a maioria das pessoas, bens, serviços e capitais circulem livremente. O objetivo da UE é desenvolver este enorme recurso também noutras áreas, como os mercados da energia, do conhecimento e dos capitais, para que os europeus possam tirar o máximo partido do seu potencial.
>
> **Instituições democráticas e transparentes**
>
> A UE mantém-se empenhada em reforçar a transparência e o funcionamento democrático das suas instituições. Os poderes do Parlamento Europeu, eleito por sufrágio universal direto, foram progressivamente alargados. Os parlamentos nacionais também têm um papel mais importante, sobretudo no tocante à sua colaboração com as instituições europeias. Por sua vez, os cidadãos europeus dispõem de cada vez mais possibilidades de participar na definição das políticas europeias.
>
> A UE norteia-se pelo princípio da democracia representativa, com os cidadãos diretamente representados ao nível da União no Parlamento Europeu os Estados-Membros no Conselho Europeu e no Conselho da UE.

O exemplo histórico dos Estados Unidos da América (EUA) serve para explicar o Estado Federativo e a Confederação de Estados. Originalmente, as antigas colônias da Grã-Bretanha (Reino Unido) localizadas no norte da América tornaram-se independentes de sua antiga metrópole em 1776. Assim, Virgínia, Carolina do Norte, Carolina do Sul, Georgia, o estado de Nova Iorque etc. tornaram-se países independentes em relação aos britânicos e formaram uma Confederação de Estados por meio de um tratado internacional. A partir de 1787 iniciaram tratativas para dar origem a uma união indissolúvel, ou seja, para criar um novo Estado por meio de uma Constituição Federal: os Estados Unidos da América. O nome do país transparece inclusive a *forma de Estado* assumida: tratava-se de Estados da América que, unidos, formavam um novo Estado.

O Brasil adota a forma de Estado federativa. Quando assumiu a forma republicana de governo em 1891, seu nome passou a ser "Estados Unidos do Brasil", denominação que foi alterada pela Constituição de 1969 e passou a ser, até hoje, "República Federativa do Brasil". Ao contrário dos Estados Unidos da América (EUA), não houve a aglutinação do poder político em torno da União Federal, mas sim uma fragmentação em estados (São Paulo, Rio de Janeiro, Bahia, Pará etc.) razão pela qual a legislação federal tem no Brasil, ao contrário dos EUA, um peso maior. Isso é perceptível, por exemplo, no fato de parte significativa do direito penal estadunidense ser estadual, não federal.

No Brasil, de maneira semelhante à que ocorre nos EUA, a forma de estado federativa resulta em um Poder Legislativo federal bicameral (formado por duas câmaras). O Congresso Nacional é constituído pela: (i) câmara dos deputados (representam o povo, portanto, o número de representantes procura ser proporcional à população de cada estado); (ii) senado federal (representa os estados membros da federação, portanto, o número de representantes não varia conforme a população; no caso do Brasil, há três senadores por estado e três pelo distrito federal – Brasília).

A Constituição Federal do Brasil atribui aos municípios o *status* de entes federativos, pois estes possuem competência, orçamento e poderes políticos próprios. No entanto, não possuem uma Constituição, ao contrário dos estados membros de uma federação. A lei maior no nível municipal é a *Lei Orgânica do Município*. Os entes municipais também não possuem representação política no nível Federal, ao contrário dos estados, que tem direito a três senadores cada um. Por fim, inexiste Poder Judiciário municipal.

A existência da forma de Estado federativa indica uma maior descentralização administrativa e legislativa do que aquela existente nos Estados Unitários. Descentralização se distingue de desconcentração e ambos podem existir nos Estados unitários. Quando há *desconcentração* do poder do Estado criam-se instâncias intermediárias autorizadas a tomar decisões administrativas e a criar normas de hierarquia inferior (portaria, circulares, instruções etc.), contudo, os dirigentes políticos destes órgãos estão subordinados diretamente ao chefe do Poder Executivo (a criação de ministérios ou secretarias são um mecanismo de desconcentração do poder do Estado). A *descentralização*, por sua vez, implica uma autonomia política maior dos entes criados, mas não ocorre apenas quando existem estados e municípios. A criação de pessoas jurídicas de direito público como as autarquias e as agências reguladoras são um modo de descentralização da função administrativa e legislativa e isso pode ocorrer inclusive nos Estados Unitários.

A forma de Estado não tem relação com o sistema de governo (parlamentarista ou presidencialista), nem com a forma de governo (republicana ou monarquista). O Brasil, atualmente, conforme determinado por sua Constituição Federal, é uma República Federativa, composta por União, Estados, Municípios e Distrito Federal (Brasília).

2.5. Forma de intervenção do Estado na economia

Na classificação dos Estados há uma clássica tipologia que, mesmo sendo imprecisa, costuma ser bastante utilizada. O critério usado é o grau ou a forma de intervenção do Estado na economia. Neste caso, distingue-se: (i) Estado liberal; (ii) Estado de bem-estar social (*Welfare State*) – Estado Social ou Estado Providência.

Os Estados contemporâneos surgiram em conformidade com o pensamento liberal. Sua função era basicamente a de garantir a ordem social por meio da defesa da legalidade. Eram, por conseguinte, Estados de Direito. Na sua maioria não instituíam o sufrágio universal (negros, mulheres e/ou trabalhadores eram geralmente excluídos do direito de votar. Tal questão será analisada em subcapítulo próprio mais adiante), não eram, portanto, Estados *Democráticos* de Direito.

O Estado, no modelo liberal, se limitava a desempenhar uma função repressiva, por isso, também pode ser descrito como um *Estado-polícia*. O próprio direito também tinha este sentido, pois, o Estado positivava normas jurídicas que apenas autorizam os sujeitos a praticarem certos atos conforme sua vontade, proibindo a coação direta de um indivíduo sobre outro.

As leis no Estado liberal estabeleciam unicamente direitos individuais, como a liberdade (a livre iniciativa econômica, direito atrelado ao de ir, vir, ficar e reunir-se), a igualdade (perante a lei) e a propriedade privada. Em suma, o Estado procurava garantir a reprodução das relações econômicas capitalistas, baseadas no sistema de trocas mercantis. A função estatal precípua era preservar a liberdade de celebrar contratos – negociar a propriedade privada – garantido a igualdade de todos exigirem reciprocamente o cumprimento das obrigações contratadas. Esta forma de pensar a liberdade e a igualdade, de forma negativa, com *ausência de impedimento*, é a própria do pensamento liberal. A liberdade não é pensada a partir da existência de condições materiais universais.

O Brasil em suas duas primeiras Constituições adotou plenamente o modelo liberal, especialmente na primeira república. Somente havia garantia aos direitos fundamentais individuais. Não havia, portanto, nenhum direito no campo social. Isso somente viria a partir da Constituição Federal de 1934, na República Nova, marcando o desenvolvimento do Estado de bem-estar social no Brasil do ponto de vista constitucional.

O conceito de Estado de bem-estar social consolidou-se após o término da Segunda Guerra mundial em 1945. Seus antecedentes surgem com a Constituição do México em 1917 e com a Constituição da República de Weimar, na Alemanha, em 1919. Tais países foram os primeiros a estabelecer constitucionalmente direitos fundamentais de cunho social. O principal objetivo das legislações que surgiram neste sentido era criar uma rede de proteção aos trabalhadores, seja quando estivessem empregados (regulamentando as condições de trabalho) ou quando desempregados/aposentados (estabelecendo formas de remuneração nestas hipóteses).

Outra característica do Estado de bem-estar social diz respeito à maior intervenção e regulação econômica estatal. É equivocado imaginar que o Estado liberal, desde sua origem, não regula ou intervém na economia, pelo contrário, sua função essencial é garantir a reprodução das relações sociais próprias do capitalismo e isso só é possível por meio de um severo controle social. No entanto, a atuação do Estado no campo econômico é maior em termos quantitativos e qualitativos no Estado de bem-estar social. Isso pode ocorrer de várias maneiras: estímulo ao desenvolvimento de certas atividades econômicas pelos particulares, por meio de mecanismos tributários ou políticas de fomento; empreendimento da atividade por meio de empresas estatais ou de capital misto (público e privado) etc.

Em grande medida, a origem do Estado de bem-estar social se constitui uma resposta para dois acontecimentos históricos do século XX:

I. A crescente disseminação do pensamento marxista, contrários ao capitalismo, combinada com o surgimento dos primeiros Estados inspirados nestes ideais. Em

1917 a revolução russa deu origem ao primeiro Estado constituído a partir dos ideais marxistas, críticos do capitalismo e defensores do socialismo/comunismo, que em 1922 se tornaria a União Soviética (extinta em 1991). Os ideais socialistas se espalharam em vários países capitalistas e a resposta estatal nestes países foi: (i) repressão direta aos movimentos dos trabalhadores, por meio da criminalização, prisão, tortura, suspensão de direitos políticos, instauração de ditaduras etc.; (ii) concessão de direitos no campo social e sindical, como meio de conformar as reivindicações dos trabalhadores dentro das formas de reprodução das relações sociais capitalistas (os fundamentos do capitalismo não se alteravam, mas a exploração dos trabalhadores diminuía e era mais bem regulada). De outro lado, nota-se que o Estado soviético nem sequer conseguiu constituir-se como um verdadeiro Estado Socialista no sentido marxista, pois, para Marx, este seria apenas uma etapa intermediária voltada ao fim do capitalismo e consolidação do comunismo, no qual a forma estatal não se faria necessária. Na União Soviética e nos demais que se rotularam de "socialistas", constituiu-se um Capitalismo de Estado, ou seja, os trabalhadores não mais se submetiam à burguesia tradicional, mas aos dirigentes do Estado, que passaram a ocupar papel semelhante (não idêntico). O mesmo rótulo "socialista", aliás, é utilizado por inúmeros partidos, que sem se opor aos fundamentos do capitalismo, se dizem favoráveis a "medidas de cunho social" – uma expressão tão vaga, que fez e faz com que até os partidos liberais e de direita (inclusive os nazistas) adotem a denominação "socialistas", sem que o seja no sentido marxista da palavra.

II. A crise do capitalismo e suas implicações no campo econômico, social e político. Em 1929, a Grande Depressão da economia, ocorrida após a quebra da bolsa de Nova Iorque, gerou uma profunda crise social, com desemprego em massa e recessão econômica. A resposta política, dentro de um contexto no qual surgiam os Estados socialistas, foi defender uma maior intervenção do Estado na economia como forma de evitar crises e manter o crescimento econômico. Consequentemente, os níveis de emprego seriam mais estáveis, promovendo maior equilíbrio social. Evidentemente, tais medidas permitiam uma estabilidade política, pois refreavam movimentos revolucionários, além de garantir a manutenção do processo de acumulação capitalista.

A partir da década de 1980 observou-se o retorno dos ideais liberais, por meio de uma doutrina que passou a ser conhecida como "neoliberal". Ainda que não proponham um retorno ao Estado liberal clássico, os neoliberais defendem "flexibilização" das leis trabalhistas e previdenciárias (redução da proteção e das garantias de trabalhadores e aposentados), menor intervenção do Estado na economia (desregulamentação do mercado, sobretudo o financeiro) ligada à diminuição da estrutura do Estado (diminuição da "máquina" pública, com a privatização de empresas estatais e diminuição do número de servidores públicos e dos seus direitos) e redução de custos (cortes nos investimentos estatais em políticas públicas, sobretudo de assistência social). Em suma, a doutrina neoliberal diminui o (limitado) cunho social do Estado no capitalismo.

2.6. Regime de governo

Na terminologia atual, os regimes de governo são denominados *democráticos* ou *totalitários/ditatoriais*. Trata-se de uma nomenclatura que se constituiu historicamente, de tal modo que o conceito de democracia – e, portanto, de regime democrático – é bastante impreciso e varia conforme o momento histórico e a perspectiva filosófico-política adotada.

Na ótica do marxismo, a democracia somente existirá com o fim da propriedade privada dos meios de produção. No capitalismo, há uma divisão entre a esfera pública e a esfera privada, na qual se desenvolvem as relações sociais no campo da economia. O modo de produção capitalista está baseado na propriedade privada dos meios de produção – indústrias, terras etc. – pela burguesia (na atualidade, a propriedade se estende ao campo do conhecimento, incidindo sobre bases imateriais, como a propriedade intelectual). Tal condição faz com que a burguesia detenha um poder sobre a classe trabalhadora, cuja única possibilidade para sobreviver consiste em vender sua força de trabalho. No modo de produção capitalista, portanto, há o que Marx denominava "a ditadura da fábrica", pois o espaço das relações econômicas é entendido como privado, ou seja, um espaço não político, no qual quem detém o poder é a burguesia. Ainda que o Estado possa interferir e regular o âmbito econômico, o limite desta ação no capitalismo é o de nunca suprimir plenamente o poder da burguesia nas relações de produção. Sendo assim, na perspectiva marxista, a democracia somente existiria plenamente, caso a esfera econômica estivesse sujeita ao domínio político dos trabalhadores, cujo pressuposto, seria o fim do capitalismo e da classe burguesa. As experiências históricas de Estados denominados socialistas – por exemplo, União Soviética, a antiga República Democrática Alemã – reforçam os argumentos da perspectiva marxista. Nestes países, as relações sociais no campo da economia não se alteraram fundamentalmente, dando origem a um Capitalismo de Estado, no qual os trabalhadores permaneceram alijados politicamente, sem o domínio intelectual e diretivo da produção, do Estado e da economia como um todo.

As teorias preponderantes sobre o Estado democrático, na atualidade, no entanto, seguem uma inspiração baseada nos ideais do pensamento republicano e liberal, no qual a democracia não é pensada a partir de uma perspectiva econômica, mas simplesmente a partir da existência de *representatividade* e *legalidade*. Nessa perspectiva, há dois parâmetros para se afirmar a existência de um regime democrático, um deles é jurídico e outro é político, estando ambos relacionados entre si. Vejamos quais são os requisitos para se afirmar a existência de um regime de governo democrático nessa ótica:

Primeiro, do ponto de vista *jurídico*, a existência da democracia é caracterizada pela existência de:

I. Tripartição de poderes: na realidade, não existem poderes soberanos separados, pois o poder do Estado é uno, mas uma divisão das funções estatais que resulta no Poder Executivo, Legislativo e Judiciário. A função *típica*, respectiva, de cada um é: executar as leis, comandando a administração pública; exercer a atividade legislativa; julgar se houve descumprimento das leis. A existência de um equilíbrio entre os Poderes e um sistema de controle recíproco – denominado *sistema de freios e contrapesos* – seria uma garantia da democracia, pois evitaria um governo totalitário, especialmente por parte do Poder Executivo.

II. Igualdade jurídica: também denominada isonomia. Abrange duas ideias. Primeiro a de que a legalidade deve ser igualmente válida para todos, sem exceção: no caso dos particulares, tudo, a princípio, está permitido, exceto o que a lei proíbe; no caso do Estado, tudo, a princípio, está proibido, exceto que a lei permite. A segunda ideia é a de que "todos são iguais perante a lei", ou seja, o Estado deve agir de modo impessoal. Este princípio deve ser interpretado da maneira correta: a legislação pode dar tratamento diferenciado a determinados grupos, pois isso significa tratar de maneira desigual situações desiguais, na medida da desigualdade existente, como princípio de justiça. É o que acontece com a legislação voltada para proteger e instaurar ações afirmativas para mulheres, idosos, indígenas, negros, portadores de necessidades especiais etc.

III. Garantia dos direitos individuais: há o entendimento de que a democracia depende da proteção do Estado à vida do cidadão e ao exercício de certas liberdades, como a de ir e vir, de reunir-se, de pensar e expressar ideias, de protestar politicamente. O sentido de liberdade, neste caso, é negativo, ou seja, é a ausência de impedimento, logo, o papel do Estado seria o de evitar que um indivíduo pudesse ser ameaçado ou tolhido de sua vida ou liberdade. Trata-se de uma perspectiva típica do pensamento liberal: os direitos individuais e consequentemente a democracia é pensada em termos formais – jurídicos –, não tem termos materiais – concretos.

Segundo, do ponto de vista *político*, a democracia se caracteriza pela existência de:

I. Eleições diretas: os cidadãos devem ter o direito de eleger os membros do Poder Legislativo e do Executivo por meio do voto direto e secreto – evitando assim que o cidadão fique sujeito a eventuais pressões externas.

II. Alternância de governantes: consiste no impedimento de que o Chefe de Governo possa se perpetuar vitaliciamente em seu cargo.

III. Sufrágio universal e direto: direito de voto a todos os cidadãos, com restrições apenas excepcionais e racionais (vide subcapítulo sobre "Sufrágio").

No parlamentarismo, ainda que a eleição direta seja limitada (pois o Chefe de Governo é eleito pelo parlamento) e o prazo dos mandatos dos governantes seja indefinido, entende-se que isso não fere o regime de governo democrático, pois o Parlamento é eleito pelo voto direto. As espécies de garantias voltadas para impedir o domínio absoluto dos governantes sobre os cidadãos são típicas do pensamento *republicano* que surge na modernidade. A liberdade, neste caso, é concebida como *ausência de dominação*, o que exige um conjunto de instituições e de leis que permita que o poder político não se concentre ou se perpetue na mão de um sujeito em particular.

No Brasil a democracia, mesmo nos termos do pensamento liberal-republicano, tem sido constantemente interrompida e cerceada: longas ditaduras foram instauradas após golpes de Estado, sempre como forma de reprimir movimentos populares que buscavam transformações sociais e maior igualdade material; a Constituição do Império conferia um poder moderador ao Imperador que era incompatível com a tripartição dos poderes; o voto secreto e o direito do voto feminino somente constaram do Código Eleitoral de 1932 etc.

Os regimes *totalitários*, por via de contraste, são aqueles nos quais não estão presentes as características acima descritas. Anteriormente, os regimes de governos não democráticos eram denominados *despóticos*, *tirânicos* ou *absolutistas*. No século XX, passou-se a adotar as expressões "Estados totalitários" ou "Estados ditatoriais". Tal denominação é utilizada para descrever os governos de direita como a Alemanha nazista de Hitler ou a Itália fascista de Mussolini, bem como o regime dos países denominados socialistas, como a extinta União Soviética e seus aliados. No caso do Brasil, as experiências mais recentes de regime de governo ditatorial ocorreram durante a Era Vargas (1930-1945) e o governo militar, instaurado após o golpe de Estado de 1964 e que perdurou até o início da redemocratização em 1985. Nestes casos, tivemos a instauração de ditaduras constitucionais, havia supressão parcial ou total dos direitos políticos, mas sempre a Constituição garantia o direito na esfera privada, garantindo assim a reprodução das relações sociais no campo econômico.

Indicações de leitura:

ALONSO, Angela; DOLHNIKOFF, Miriam (Org.). *1964*: do golpe à democracia. São Paulo: Hedra, 2015.

CASARA, Rubens. *Estado pós-democrático:* Neo-obscurantismo e gestão dos indesejáveis. Rio de Janeiro: Civilização brasileira, 2017.

WOOD, Ellen Meiksins. *Democracia contra o capitalismo e a renovação do materialismo histórico*. São Paulo: Boitempo, 2006.

3

PODER DO ESTADO E SEUS PARÂMETROS JURÍDICOS E POLÍTICOS

Ao observarmos os modos de organização do Estado, percebemos que a garantia da legalidade e da legitimidade são pontos comuns entre as diferentes formas de Estado, sistemas de governo e formas de governo. Em todos os casos, nota-se que o arranjo político tem uma dupla função: (i) preservar o Estado de Direito, criando instituições que garantam o respeito às normas de direito positivos; (ii) conferir algum nível de legitimidade àqueles que ocupam cargos políticos no Estado. Os regimes de governo, por sua vez, são considerados democráticos justamente a partir destes dois parâmetros. Por fim, as diferentes formas de intervenção do Estado na economia estão ligadas à ideia de legalidade/legitimidade, pois, salvo as posições de transformação mais radical, tais ações estatais visam a reprodutibilidade do sistema capitalista, que se escora na forma jurídica (legalidade) e na busca de apoio e consenso (legitimidade) por meio de diversos mecanismos e aparelhos ideológicos.

Sendo assim, iniciaremos este capítulo explicando o conceito de legalidade e legitimidade. Veremos a seguir que a ideia de legalidade tem ligação com o *pensamento constitucionalista* contemporâneo e com os ideais de *direitos humanos* e da universalização da *subjetividade jurídica*. O conceito de legitimidade, por sua vez, está relacionado com os conceitos anteriores e com a ideia de *grupos de pressão* e *direito das minorias*. Por fim, veremos que esse arcabouço conceitual se correlaciona com o de *reforma* e *revolução*, mudanças, com maior ou menor grau de legitimidade, que alteram em diferentes medidas o conteúdo das normas legais.

3.1. Legalidade e legitimidade

Conforme vimos anteriormente, a teoria política contemporânea predominante afirma que a existência da legalidade é pré-requisito para um regime democrático. Essa perspectiva se materializa juridicamente no artigo XXIV da *Declaração Universal dos Direitos Humanos*,[1] que diz:

> 2. No exercício de seus direitos e liberdades, toda pessoa estará sujeita apenas às limitações determinadas pela lei, exclusivamente com o fim de assegurar o devido reconhecimento e respeito dos direitos e liberdades de outrem e de satisfazer às justas exigências da moral, da ordem pública e do bem-estar de uma sociedade democrática.

O conceito de legalidade, contudo não se confunde com a de legitimidade. E a existência de um regime democrático depende da existência de um governo legítimo. Quando um governante consegue assumir um mandato respeitando a legislação existente, podemos a afirmar que isso ocorreu em conformidade com a *legalidade* existente. *Legitimidade*, por sua vez, significa a existência de um consenso, de uma anuência por

---

1 Disponível em: <http://portal.mj.gov.br/sedh/ct/legis_intern/ddh_bib_inter_universal.htm>. Acesso em: 01 nov. 2013.

parte daqueles que são dirigentes do Estado – seja no Poder Executivo ou Legislativo. Portanto, quando os representantes políticos são eleitos por meio do sufrágio universal, afirma-se que o mandato foi assumido com *legitimidade*.

A questão da legitimidade geralmente não é pensada com relação ao Poder Judiciário, pois se entende que não se trata de uma instituição de representação política. No entanto, a nomeação de seus membros, especialmente nas altas cortes, decorre de uma decisão política do Executivo e do Legislativo. Além disso, é sabido que muitas das decisões dos Tribunais têm nítido caráter político, nesses casos, quando afrontam o interesse público, seriam ilegítimas (contudo, têm validade, pois não costumam existir mecanismos institucionais para submeter as decisões judiciais ao crivo dos cidadãos, sob o argumento de que o Tribunal toma decisões técnicas, não políticas). Nos países em que os membros do Poder Judiciário são eleitos, existe a possibilidade de um controle político direto de sua formação e indireto das decisões. A despolitização do Judiciário decorre da necessidade de garantir maior *certeza e segurança jurídica*, elementos intrínsecos ao capitalismo.

Legalidade e legitimidade são conceitos chave para o pensamento político tradicional contemporâneo, uma vez que os regimes democráticos são definidos a partir da coexistência de ambos: (i) o Estado opera por meio da legalidade e a garante; (ii) as instituições e normas jurídicas permitem aos cidadãos decidirem quais serão seus legítimos representantes políticos. Assim, a existência da legalidade caracteriza o Estado de Direito e a legitimidade resultaria no Estado democrático. Dentro das varrições semânticas, o *Estado de Direito democrático* é aquele cuja legislação é criada democraticamente e o *Estado democrático de Direito* é aquele no qual existe um regime político democrático com a presença do direito.

A crítica marxista a respeito do modelo de democracia liberal aponta que as teorias políticas contemporâneas *superestimam* a legalidade e *subestimam* a legitimidade como componentes de um regime democrático. Vejamos estes dois pontos:

Com relação à legitimidade, conforme vimos anteriormente, a concepção burguesa-liberal de democracia impede a politização plena da economia. Apesar de parte significativa do poder na esfera das relações econômicas decorrem da propriedade privada, não há o questionamento sobre a legitimidade da condição de proprietário. Supões uma meritocracia, que não se confirma, inclusive porque nem sequer há igualdade nas condições iniciais para aquisição da propriedade. Por exemplo, não se indaga qual o mérito existente na aquisição hereditária da propriedade (e do poder, por consequência) por meio dos institutos de direito de família. Também não se indaga a legitimidade da propriedade historicamente, caso contrário, na cadeia de sucessões hereditárias encontrar-se-ia um ato de violência absolutamente ilegítimo (como o massacre dos indígenas ou a escravidão negra, no caso da América Latina). Contudo, o mais significativo é notar que, no capitalismo, nem sequer é possível se falar em apropriação legítima por intermédio do trabalho, pois, este modo de produção se define pelo fato de que a acumulação de capital não depende do trabalho da classe burguesa, mas sim da propriedade privada dos meios de produção, que lhe garante a apropriação dos valores produzidos pela classe trabalhadora. Por essas razões, a análise do Poder Judiciário acerca da legitimidade somente pode ser normativa, nunca histórico-sociológica, pressupondo assim a legitimidade da propriedade de modo a garantir a manutenção da ordem e a reprodução das relações econômicas nos moldes existentes.

Com relação à legalidade, nota-se que ela é somente defendida pelos liberais na medida em que ela mesma não coloca em risco a manutenção das próprias relações sociais capitalistas.

Noutras palavras, a alternância de governantes é tolerada contanto que os fundamentos da economia capitalista não corram risco. Em todos os países nos quais o governo foi conquistado, democraticamente, por forças políticas contrárias ao capitalismo, os pensadores liberais, as forças políticas de direita, imediatamente defenderam a quebra da legalidade como forma de garantir a "manutenção da ordem", leia-se, da ordem capitalista. A própria legislação dos países capitalistas, inclusive, já procura colocar obstáculos para reformas no regime de acumulação existente e barreiras juridicamente invencíveis para garantir o próprio modo de produção capitalista, por exemplo, tornando a propriedade privada dos meios de produção um direito fundamental. Assim, qualquer governo anticapitalista, por mais legítimo que seja, torna-se criticável por estar rompendo com o Estado de Direito, ou seja, por estar operando uma revolução e não uma reforma dentro dos limites da legalidade existente. Apenas na hipótese em que a transição para o fim do capitalismo se inicia dentro da legalidade, é que a burguesia, por questões de sobrevivência, se insurge contra o direito. Assim, ainda que a quebra da legalidade pela burguesia seja preferível em casos extremos, mas não desejável, pois a supressão do Estado de Direito implica a diminuição das condições ideais de reprodução das relações sociais capitalistas, ou seja, as ditaduras de direita são sempre uma opção para as forças políticas ligadas ao capital, mas não a melhor escolha no médio prazo.

Após essa exposição sobre o conceito de legalidade e legitimidade, veremos como eles permeiam as teorias constitucionalistas de Estado.

3.2. Constitucionalismo e Estado de Direito

Um dos pilares do Estado de Direito é a existência de uma Constituição do Estado, concepção oriunda das teorias constitucionalistas contemporâneas. Ainda que nem todo Estado tenha necessariamente normas jurídicas denominadas *Constituição*, há sempre um conjunto de normas superiores que condicionam a validade das demais, organizando o Estado e estabelecendo direitos fundamentais.

A Constituição, ou suas normas equivalentes, é um dos instrumentos para preservação da legalidade e da legitimidade, pois, o conteúdo de uma Constituição consiste justamente em estabelecer o princípio da legalidade e as instituições com legitimidade para criar e fazer cumprir as leis. Em síntese, as Constituições, invariavelmente, estabelecem os parâmetros iniciais a partir dos quais se desenvolve a legalidade e a legitimidade do poder do Estado.

Contemporaneamente, a palavra "Constituição" indica o marco jurídico de criação do Estado, ou ainda, de sua reformulação (na hipótese em que é criada uma nova Constituição por um Estado já existente anteriormente não se está constituindo um Estado, mas reconstituindo). Não é por outra razão que se utiliza a palavra "constituição", ela indica que o Estado se *constitui juridicamente* a partir da positivação deste conjunto de normas jurídicas.

No sentido contemporâneo, Constituição pode ser definida como *conjunto de normas jurídicas no topo da hierarquia normativa, que regula e organiza o funcionamento do Estado e da sociedade civil, tendo por finalidade estabelecer direitos e deveres fundamentais, bem como limitar poderes e definir competências do aparato estatal.*

A partir deste conceito, afirma-se que a Constituição do Estado tem duas características principais:

I. Do ponto de vista *formal*, a Constituição é lei de máxima hierarquia, está no topo do ordenamento jurídico, portanto, condiciona a validade das normas infraconstitucionais.

Isso significa que uma lei poderá ser declarada inconstitucional se criada fora dos parâmetros da Constituição.

II. Do ponto de vista *material* (conteúdo), a Constituição dispõe sobre a organização do Estado (sistema, forma e regime de governo e forma do Estado). Também estabelece quais são os direitos fundamentais (individuais e, eventualmente, também os sociais).

Para exemplificar o conteúdo de uma Constituição, basta a simples leitura dos títulos que compõem a Constituição Federal brasileira:

Sumário por títulos
Constituição Federal da República Federativa do Brasil

Título I: Dos Princípios Fundamentais
Título II: Dos Direitos e Garantias Fundamentais
Título III: Da Organização do Estado
Título IV: Da Organização dos Poderes
Título V: Da Defesa do Estado e das Instituições Democráticas
Título VI: Da Tributação e Do Orçamento
Título VII: Da Ordem Econômica e Financeira
Título VIII: Da Ordem Social
Título IX: Das Disposições Constitucionais Gerais

Observação: cada título pode se desdobrar em capítulos, seções e subseções, por exemplo, o Título II possui cinco capítulos que tratam sobre: Direitos e Deveres Individuais e Coletivos (art. 5); Direitos Sociais (arts. 6 a 11); Nacionalidade (arts. 12 e 13); Direitos Políticos (arts. 14 a 16); Partidos Políticos (art. 17). Há ainda, ao final, o Ato das disposições constitucionais transitórias.

Em países com regimes democráticos, a Constituição é redigida por uma Assembleia Constituinte, composta por representantes eleitos por um povo. A experiência histórica, contudo, indica ocasiões em que as Constituições são outorgadas pelo Chefe do Poder Executivo, ou ainda, ocasiões em que os representantes para uma Assembleia não são eleitos democraticamente ou, quando eleitos, são constrangidos, de modo sutil ou direto, a aprovar um documento constitucional.

No Brasil, a Constituição de 1988 foi elaborada e aprovada pelo Congresso Constituinte, cujos membros foram eleitos 1986 e empossados em fevereiro de 1987 como deputados e senadores que acumulavam essa função. Após um ano e oito meses foi promulgada a Constituição da República Federativa do Brasil, marcada pela presença de diversos direitos sociais, muitos deles inéditos até então.

Seja Assembleia ou Congresso, caso seus membros tenham a poder de criar uma Constituição, conclui-se que eles possuem poder constituinte. Conforme a Teoria Geral do Estado e do Direito Constitucional, tal o poder constituinte pode ser classificado em duas espécies: o originário e o derivado.

O poder constituinte originário estabelece a Constituição do Estado, sendo denominado *originário* porque não possui parâmetros jurídicos prévios e pode limitar o conteúdo da legislação a ser criada posteriormente. O poder constituinte originário, portanto, é que estabelece as condições iniciais de validade do ordenamento jurídico, sendo *ilimitado juridicamente*.[2]

O poder constituinte derivado, conforme o nome indica, é aquele que decorre de uma Constituição vigente, portanto, segue os limites normativos estabelecidos pelo poder constituinte

---

2 Evidentemente, a forma jurídica, conforme vimos anteriormente, encontra-se determinada por condições materiais, portanto, neste ponto, o direito acabará por ser a expressão de determinadas relações sociais existentes no campo da economia. Por igual razão, a legalidade e a igualdade jurídica, por exemplo, integram as constituições invariavelmente.

originário que deu origem à Constituição. Portanto, o poder constituinte derivado é *limitado juridicamente*. Outras denominações podem ser utilizadas: poder instituído, constituído, remanescente, secundário etc.

Três subespécies de poder constituinte derivado podem ser apontadas, sendo que todas elas têm seus limites estabelecidos pelo poder constituinte original:

a. O poder reformador: permite alterar – reformar – a Constituição original, dando origem às emedas constitucionais.

b. O poder revisor: permite a revisão do texto após um período de sua promulgação a fim de adaptá-la à realidade ou conveniência política posterior. É também denominado *poder anômalo de revisão*.

c. O poder decorrente: permite que os Estados-membros de uma federação criem as suas respectivas Constituições Estaduais.

O controle da constitucionalidade, por sua vez, é exercido pelas instituições do Estado. Nesse sentido, existem mecanismos institucionais voltados para impedir a violação da Constituição, seja no âmbito do Poder Legislativo (durante a tramitação de projetos de lei), do Poder Executivo (seja na prática de atos administrativos ou no momento de sanção/veto e uma lei) ou do Poder Judiciário (exercendo controle jurisdicional da constitucionalidade).

No caso do Poder Judiciário o controle de constitucionalidade pode ocorrer de modo difuso ou coletivo. No controle *difuso*, as diversas instâncias jurisdicionais têm poder para declarar uma norma jurídica contrária à Constituição (inconstitucional), sempre dentro de uma situação concreta e com partes determinadas em cada pólo da ação. O controle *concentrado*, por sua vez, é exercido por um órgão específico do

Poder Judiciário a partir de uma ação judicial que questiona diretamente a constitucionalidade de uma lei em geral, portanto, trata de uma controvérsia abstrata, não baseada em um caso particular e concreto.

O Brasil adota o sistema de controle de constitucionalidade misto, ou seja, difuso e concentrado. No caso do controle concentrado, seu exercício é de competência do Supremo Tribunal Federal. A Constituição Federal estabelece quais instituições têm legitimidade para ingressar com as ações voltadas para exercer o controle concentrado de constitucionalidade. Os tipos de ações existentes neste sentido são: (i) Ação direta de inconstitucionalidade (ADI ou ADIN); (ii) ação declaratória de constitucionalidade (ADC ou Adecon); (iii) arguição de descumprimento de preceito fundamental (ADPF).

Sujeitos legitimados a propor ADIN e Adecon
Constituição Federal da República Federativa do Brasil

Art. 103. Podem propor a ação direta de inconstitucionalidade e a ação declaratória de constitucionalidade: (Redação dada pela Emenda Constitucional nº 45, de 2004):

I - o Presidente da República;

II - a Mesa do Senado Federal;

III - a Mesa da Câmara dos Deputados;

IV - a Mesa de Assembleia Legislativa ou da Câmara Legislativa do Distrito Federal; (Redação dada pela Emenda Constitucional nº 45, de 2004)

V - o Governador de Estado ou do Distrito Federal; (Redação dada pela Emenda Constitucional nº 45, de 2004)

VI - o Procurador-Geral da República;

VII - o Conselho Federal da Ordem dos Advogados do Brasil;

> VIII - partido político com representação no Congresso Nacional;
> IX - confederação sindical ou entidade de classe de âmbito nacional.
>
> **Observação:** O Artigo 2º da Lei nº 9.882/1999 estabelece como legitimados para propor a ação de descumprimento de preceito fundamental (ADPF) os mesmos sujeitos aptos a propor a ação direta de inconstitucionalidade, portanto, os mesmos sujeitos acima.

3.3. Direitos humanos e subjetividade jurídica

Conforme observamos no item anterior, a Constituição de um Estado não apenas organiza e regula a atividade do Estado como também estabelece direitos fundamentais, que podem ser individuais ou sociais conforme a linha política predominante no Estado, especialmente no momento em que se exerce o poder constitucional originário e derivado.

A noção de "direitos fundamentais" se confunde com a de "direitos humanos", pois em ambos os casos estaríamos diante de um conjunto jurídico inerente à condição humana, consistindo nos direitos que lhe são mais essenciais. No entanto, um critério para se distinguir as expressões consiste justamente em afirmar que direitos fundamentais encontram-se necessariamente positivados pela Constituição, enquanto que os direitos humanos existem independentemente desta condição, ou seja, seriam universais e atemporais e não dependeriam do reconhecimento formal do Estado.

A positivação de direitos fundamentais reforça a lógica de legalidade-legitimidade do Estado explicada anteriormente. De um lado, a ideologia da legalidade ganha força quando são positivados direitos fundamentais, pois isso significa: (i) fixar parâmetros legais voltados a limitar juridicamente o poder do Estado; (ii) garantir que indivíduo está autorizado a fazer tudo, exceto o que a lei proíbe. Por outro lado, a positivação dos direitos fundamentais reforça a ideologia da legitimidade das ações do Estado, pois se há direitos fundamentais e o Estado deve agir para garanti-los de forma impessoal, então suas ações seriam legítimas, afinal, estariam a garantir aquilo que é de interesse comum e fundamental para todos.

Para se compreender melhor o sentido de "direitos humanos" e de "direitos fundamentais" e a relação de ambos com o Estado, faz-se necessário uma breve explicação histórica.

Na antiguidade e na Idade Média nunca prevaleceu a ideia de que há direitos que são próprios de todos os seres humanos, portanto, universais. Ademais, a ideologia política neste período não comportava a ideia de que havia um núcleo no qual o poder soberano não pudesse penetrar. Não há nesse contexto o conceito de que todos são *sujeitos de direito*, ou seja, inexiste a ideologia (jurídico-política) de que basta a condição de *indivíduo* para ser dotado de uma *subjetividade jurídica*. Assim, numa sociedade escravagista e feudal, inexiste a universalização da condição de *sujeito de direito* (exatamente o que prescreve todo o direito civil), logo, nem todos estão aptos a figurar numa *relação jurídica* com direitos e deveres equivalentes (exatamente o que prescreve todo o Processo Civil) que são garantidos pelo *poder imparcial* do Estado (prescrição típica do Direito Constitucional). Pelo contrário, escravos na Idade Antiga e servos na Idade Média não estão livres, não são iguais perante seus senhores, não são proprietários sequer de si mesmos, e, por consequência, não são sujeitos de direito, não possuem subjetividade jurídica e não estão protegidos pelo Estado ou pelo direito.

Com o advento do capitalismo, uma nova forma de sociabilidade começa a se desenvolver, tornando-se predominante na Europa a partir do século XIX e, de modo acelerado, em praticamente todo globo terrestre. A forma social inerente ao capitalismo envolve a troca mercantil, inclusive no âmbito do trabalho, no qual a força de trabalho se converte em mercadoria que é trocada por dinheiro (salário). Portanto, em todos as etapas da economia – produção, circulação e consumo de mercadorias – existem sujeitos que se reconhecem como livres, iguais e proprietários e agem essencialmente realizando troca de mercadorias por dinheiro ou dinheiro por mercadoria. Esse ambiente, portanto, estabelece uma relação social concreta (não apenas uma ideia abstrata) baseada no reconhecimento recíproco da subjetividade jurídica entre todos em todas as etapas da economia. Assim, todos se consideram em pé de *igualdade* jurídica e dotados de uma mesma *liberdade* para constituir uma relação jurídica (contratual) na qual negociam suas *propriedades* (a força de trabalho ou o algo externo a si). Estabelece, portanto, a realidade material histórica que se traduz na ideologia jurídico-política da *universalidade da subjetividade jurídica*: todos são sujeitos de direito e o papel do Estado é garantir, de modo impessoal, o respeito aos direitos fundamentais (liberdade, igualdade e propriedade) que são consideradas inerentes a todos os seres humanos.

A ideia de "direitos humanos" como um núcleo inerente à condição humana, portanto, indissociável da noção de indivíduo, é próprio da modernidade, período no qual emerge o capitalismo. Sua origem pode ser observada nas teorias de direito natural dos filósofos modernos e iluministas. Dentre os principais expoentes dessa filosofia jusnaturalista, temos John Locke (1632-1704), Jean-Jacques Rousseau (1712-1778) e Immanuel Kant (1724-1804). Ao defender a existência de direitos naturais, afirmam que tais direitos não são criados pela decisão humana ou pelo Estado. Propaga-se assim a ideia de que cabe ao poder político e estatal apenas reconhecer tais direitos e garanti-los. Por essa razão, a partir do final do século XVIII, e ao longo dos séculos seguintes, surgem declarações de direito, dentre as quais se destaca: (i) Declaração de Direitos do Estado da Virgínia[3] em 1776; (ii) Declaração dos Direitos do Homem e do Cidadão (França) em 1789; (iii) Declaração Universal dos Direitos Humanos (ONU) em 1948.

Note que se trata de um equívoco incluir no rol de declarações de direito as normas erigidas na antiguidade ("Código" de Hamurabi, "Código" de Manu, "Código" de Justiniano etc.), pois a característica destes documentos é o oposto das declarações modernas: elas negam a universalidade de direitos, a subjetividade jurídica a todos, a igualdade jurídica. Basta a leitura das destes "Códigos" (todas disponíveis em *sites* da internet) para se notar esse aspecto que denota uma diferença *qualitativa* daquilo que se chama de "direito antigo".[4]

Atualmente, atribui-se aos direitos humanos algumas características essenciais, afirmando que são: (i) Universais, ou seja, aplicados sem distinção de raça, cor, sexo, idioma, religião, opinião política ou de outra natureza (origem nacional ou social, riqueza, nascimento etc.); (ii) Inalienáveis, pois ninguém pode ser privado destes direitos, bem como não se pode dispor de sua proteção, ou seja, o sujeito não pode abdicar de tais direitos; (iii) Indivisíveis e interdependentes, pois não podem ser fracionados e são equivalentes entre si, deste modo, não há direito mais importante que o outro, devendo-se respeitar e garantir todos eles.

---

3 Virgínia, na época uma das antigas colônias da Inglaterra na América do Norte, criou a declaração de direitos após a guerra da independência e anos depois viria a dar origem aos Estados Unidos da América ao se juntar com as antigas ex-colônias na formação deste país.
4 Sobre o tema, recomendamos a leitura do capítulo 1 (O que é Direito?) de MASCARO, Alysson. *Introdução ao Estudo do Direito*. 5. ed. São Paulo: Editora Atlas, 2015.

Doutrinariamente, também é comum se dividir os direitos humanos em dimensões (ou "gerações", expressão criticável, por conduzir a um pensamento etapista e "evolucionista") de modo que se estabelece a seguinte distinção:

a. Direitos humanos de primeira geração:

Abrangência: direitos individuais, ligados à igualdade perante a lei, propriedade privada, intimidade, segurança, participação política e especialmente, diversas formas de liberdade formal (de ir e vir, de contratar, de crença religiosa, de reunir-se, de expressar ideias, de protestar publicamente).

Contexto: se estabelecem, sobretudo, após as revoluções ocorridas da segunda metade do século XVIII contra o domínio do Estado Absolutista em relação ao indivíduo, garantidos assim as condições mínimas de reprodução da economia capitalista e o não predomínio político de um grupo particular ou do monarca sobre um indivíduo ou a sociedade.

b. Direitos humanos de segunda geração:

Abrangência: direitos sociais, orientados pela ideia de igualdade não apenas no plano jurídico, mas também material e de oportunidades, de modo que estão voltados para garantir educação, saúde, alimentação, trabalho, habitação, transporte, lazer, previdência e assistência social, proteção às minorias e grupos vulneráveis etc.

Contexto: decorrem da profunda desigualdade social e degradação das condições de vida e de trabalho impulsionados especialmente pelo capitalismo industrial, o que gerou durante o século XIX movimentos anticapitalistas (anarquistas e comunistas) ou então de melhorias jurídico-políticas sem ruptura com o capitalismo por meio da reivindicação de direitos sociais e políticas públicas a serem promovidos pelo Estado.

c. Direitos humanos de terceira geração:

Abrangência: direitos ligados ao ideal de fraternidade e solidariedade, voltados ao meio ambiente equilibrado, à paz, à autodeterminação, ao patrimônio histórico, ao desenvolvimento coletivo, à comunicação e informação, portanto, direitos difusos, ligados ao todo social e às comunidades, voltado à preservação de gerações futuras e de toda espécie de patrimônio material e imaterial.

Contexto: ganham força após a Segunda Guerra Mundial especialmente em função: (i), das atrocidades praticadas pelos regimes nazistas e fascistas e outros movimentos de intolerância e de ódio; (ii) do ambiente da Guerra Fria (liderada por Estados Unidos e União Soviética) com a ameaça de uma guerra nuclear; (iii) dos danos e riscos crescentes ao meio ambiente e necessidade de um desenvolvimento sustentável; (iv) do movimento de descolonização, autonomia e independência na Ásia e na África.

A leitura marxista sobre direitos humanos conduz a três observações importantes sobre os direitos humanos:

I. Os direitos humanos de primeira geração (sobretudo a liberdade econômica, a igualdade jurídica e a propriedade privada) são indissociáveis das relações sociais capitalistas, por essa razão, são direitos que – mantidas as bases do capitalismo – sempre subsistem, não importa quais sejam as mudanças ocorridas no plano cultural, político, econômico etc. Isso evidencia, como dissemos antes, que o direito não é simplesmente uma norma jurídica positiva, mas uma relação social.

II. Os direitos humanos de segunda e terceira geração promovem condições de vida melhores às classes trabalhadoras e às minorias, contudo, não alteram a lógica do capitalismo, modo de produção no qual as mercadorias

Teoria geral do Estado | 107

são produzidas em função de seu valor de troca e para promover a acumulação de capital (o que resulta na constante necessidade de intensificar e estender as jornadas de trabalho, expandir a exploração de recursos naturais, ampliar o consumo por meio de diversas técnicas, como a criação incessante de sentimentos de desejos e de insatisfação, a fabricação de coisas descartáveis ou com obsolescência programada etc.).

III. Os direitos humanos de segunda e terceira geração, no fundo, servem para tornar o capitalismo mais sustentável, evitando, por exemplo, que a força de trabalho e o meio ambiente se esgotem ou se degradem. Ainda que tais direitos cumpram a função de manter o sistema em geral relativamente equilibrado, eles aparecem para os capitalistas em particular como custos e obstáculos para maximizar seus lucros. Assim, o Estado, que é o ente voltado à defesa do "interesse público", acaba por atuar na defesa de tais direitos que apesar de terem uma funcionalidade para o sistema capitalista em geral, são criticados pelas frações do capital individualizadas.

3.4. Grupos de pressão e direito das minorias

A perspectiva liberal tradicional descreve o ambiente político como a relação entre o indivíduo e o Estado. Atualmente, a Teoria Geral do Estado costuma partir dessa perspectiva, mas destaca que a relação entre sociedade civil e Estado ocorre também por meio de agrupamentos organizados, o que dá origem uma teoria sobre os *grupos de pressão*.

Grupos de pressão podem ser definidos como *organizações da sociedade civil, sem a forma partidária, que atuam perante as esferas estatais na defesa de determinados interesses e ideais*. Portanto, em sua definição encontram-se dois elementos essenciais: um nível de organização entre os membros que possuem uma causa em comum a partir da qual se constrói a identidade do grupo; a atuação voltada influenciar decisões de governantes e membros do aparato estatal. Vejamos estes dois pontos separadamente.

A organização dos membros: grupos de pressão podem se constituir na forma de pessoas jurídicas, como as associações. No Brasil, se observadas determinados requisitos e características, podem ser consideradas (concomitantemente a condição de associação ou fundação) Organização não governamental (ONG), Organização da sociedade civil (OSC), Organização da sociedade civil de interesse público (OSCIP) etc. Um grupo de pressão, contudo, não precisa estar organizado sob a forma de um ente com personalidade jurídica própria, pois sua principal característica é apenas um nível de organização política e a coesão entre seus membros em torno de ideais comuns.

A pressão política: caso um grupo não atue para *pressionar politicamente os membros do Estado* será classificado como *grupo de interesse*. Isso não significa que um *grupo de pressão* seja uma organização criada apenas com o propósito de atuar no nível político. Para entender isso é preciso distinguir as seguintes situações: há grupos que se constituem especificamente para atuar fazendo pressão por determinada política pública (o movimento *Passe Livre* é um exemplo no Brasil). Porém, o mais comum é a existência de organizações que possuem finalidades diversas, mas que também atuam como grupos de pressão, é o caso, por exemplo, dos sindicatos, das organizações religiosas, das entidades de profissionais (OAB, CRM, CREA etc.), das associações (recreativas, comerciais, de moradores etc.), dos centros acadêmicos, das ONGs etc.

Um grupo de pressão pode atuar perante o Poder Legislativo, por intermédio da figura de um agente (*lobista*) voltado a fazer pressão política para que os legisladores – vereadores, deputados ou senadores, no caso do Brasil – votem um projeto de interesse do grupo. Essa forma específica de atuação política é denominada *lobby*. Como a existência de grupos de pressão que se utilizam de lobistas é inevitável no modelo democrático atual, torna-se comum que os Estados adotem regras para disciplinar este tipo de atividade e estabelecer limites para sua atuação, sobretudo diante da existência de lobistas profissionais dotados de grande estrutura e poder de influência.

Grupos de pressão podem dar origem a organizações partidárias, bem como partidos políticos fazem pressão perante governos, no entanto, a Teoria Geral dos Estados faz a distinção entre eles e estabelece critérios para diferenciá-los. Os partidos políticos possuem algumas características particulares: (i) têm por objetivo, necessariamente, a conquista do poder político e a formação de vínculos institucionais com o Estado; (ii) são constituídos com personalidade jurídica própria, observando as formalidades e regras previstas em lei; (iii) possuem, necessariamente, um estatuto e um programa político públicos.

Dentro de um contexto, surge a seguinte problemática: de um lado, o Estado se coloca como realizador do bem-comum e do interesse público; de outro, cada grupo de pressão atua, muitas vezes, em vistas de seus interesses particulares. Como então as políticas públicas e a legislação compatibilizam isso? Uma resposta seria afirmar que o *Estado deve atender a todas as demandas*, porém essa resposta conduz a dois problemas: (i) existem interesses conflitantes, que se excluem mutuamente (sendo o mais crítico, o conflito de classe – entre capitalistas e proletariado – que é indissolúvel no capitalismo); (ii) determinadas decisões trazem custos e, consequentemente, é necessário estabelecer quem irá arcar com isso.

Nesse contexto, surgem teorias para organizar a compreensão das políticas públicas e a legitimidade das demandas apresentadas ao Estado. Uma das vertentes recorre à lógica de *difusão de benefícios e custos*, que pode ter maior ou menor abrangência. Adotando o modelo com base nas ideias de James Wilson,[5] podemos apresentar a seguinte representação gráfica:

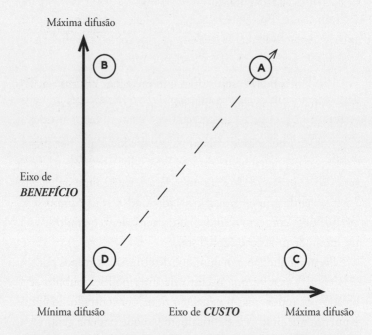

Figura 1: Síntese da razão CUSTO e BENEFÍCIO de políticas públicas

Se cada *esfera* representa uma política pública, chega-se ao seguinte quadro:

---

5 WILSON, James Q. *Bureaucracy*: what government agencies do and why they do it. New York: Basic Books, 1989.

Teoria geral do Estado | 111

Esfera	Benefício	Custo	Exemplo
A	Difuso	Difuso	Sistema de saúde gratuito universal
B	Difuso	Concentrado	IPTU progressivo sobre terreno não utilizado[6]
C	Concentrado	Difuso	Anistia tributária para clubes de futebol
D	Concentrado	Concentrado	Obra pública mediante "contribuição de melhoria"[7]

Essa tabela pode ensejar várias interpretações, críticas e debates, contudo, iremos nos limitar a destacar a seguir três questões extraídas deste quadro conceitual.

Primeira questão: de início parece ser ideal que benefícios e custos sejam igualmente difusos, contudo, isso somente faria sentido se do ponto de vista material houvesse uma igualdade absoluta entre grupos, situações e indivíduos (o que é impossível em qualquer contexto e ainda menos verdadeiro quando se está no modo de produção capitalista).

Segunda questão: notamos que determinados grupos podem agir para fazer com que o custo de uma política pública seja arcado por todos, mas o benefício fique concentrado no agrupamento que pressiona politicamente, o que poderia gerar uma distorção indevida nas políticas públicas (o denominado "clientelismo estatal", no qual um grupo divide os custos com todos e concentra os benefícios para si).

---

6 O IPTU progressivo é um instrumento utilizado para evitar a especulação imobiliária e fazer com que as propriedades de espaços urbanos cumpram sua função social e sejam efetivamente utilizados em todo seu potencial. A legislação estabelece prazos para que o proprietário do imóvel edifique, utilize edificação ou deixe de subutilizá-la. Caso o proprietário fique inerte, a alíquota do *imposto sobre a propriedade predial e territorial urbana* (IPTU) cresce progressivamente no tempo (por exemplo, de 0,25% do valor venal do imóvel para 0,75% e depois para 2%), fazendo com que o valor pago de tributo seja proporcionalmente maior em relação aquilo que pagaria caso tivesse cumprido as determinações legais.

7 A Contribuição de Melhoria é tributo devido por contribuintes que têm seu imóvel valorizado em função de benefício direto ou indireto gerado por obra pública. Por exemplo, caso a Prefeitura construa um muro de arrimo em terreno público para diminuir as chances de um eventual deslizamento de terra atingir determinado conjunto de casas no local.

Terceira questão: a concentração de benefício, sem a concentração do custo, pode ser justificada por elementos externos à mera lógica de difusão de custo e benefício, pois pode haver fatores – éticos, filosóficos, históricos, econômicos etc. – que justifiquem que o todo da sociedade arque com o benefício de um grupo específico (por exemplo, uma política pública custeada com impostos, mas que seja benéfica a um segmento de pessoas como os que possuem necessidades especiais para locomoção). Tal problemática serve de fio condutor para a questão do direito das minorias.

Dentro de um regime democrático, havendo disputa entre grupos de pressão, a tendência é que os grupos majoritários, ou mais poderosos, prevaleçam sobre os minoritários e mais fracos. Contudo, a supremacia do interesse público e da vontade geral, jamais se confunde com a supressão dos *direitos das minorias*. Portanto, contemporaneamente, o Estado e o direito procuram criar mecanismos políticos e leis para equilibrar o interesse majoritário e o das minorias, de modo a harmonizar a convivência entre eles e evitar, sobretudo, a aniquilação de um grupo minoritário ou a opressão sobre seus membros.

Um exemplo ilustra isso: a liberdade de crença religiosa. A garantia desse direito não pode resultar no predomínio de uma religião em detrimento de outra, ainda que determinada forma de religiosidade seja majoritária em relação à outra. O único limite imposto pelo Estado, neste caso, diz respeito ao exercício de práticas religiosas que possam ferir outros direitos fundamentais, como, por exemplo, o direito à vida ou a liberdade de orientação sexual.

A conceituação de minoria não se limita a uma questão *quantitativa*, pois minoria não é necessariamente um grupo numericamente inferior a outro, mas sim aquele que *possui uma inferioridade de poder, portanto, é subordinado a outro do ponto de vista econômico, cultural, social ou político*. Um exemplo é o caso das mulheres: mesmo sendo maioria quantitativa do ponto de vista populacional, são inferiorizadas no âmbito econômico (por exemplo, recebendo salários inferiores aos dos homens, mesmo em cargos equiparados), político (são sub-representadas no Poder Legislativo) e cultural (são discriminadas e/ou subestimadas quando decidem exercer determinadas atividades ou profissões, por exemplo). É importante destacar que discriminação e o preconceito com base no gênero, raça, etnia ou orientação sexual, como toda ideologia, não decorre necessariamente da vontade consciente do sujeito que escolhe deliberadamente discriminar e inferiorizar uma minoria, assim, a ideologia do preconceito não é uma pura ideia, mas sim um reflexo de um conjunto de práticas historicamente constituídas contra determinados grupos no qual os sujeitos já se encontram inseridos previamente. Um exemplo, neste sentido, é o racismo.

Racismo e Ideologia
*Silvio Luiz de Almeida**

Não há racismo sem um sistema de ideias racistas que lhe seja correspondente. É, portanto, uma ideologia, no sentido de que se caracteriza como um processo de produção e reprodução social da "consciência" dos racistas e também dos indivíduos atingidos pela discriminação racial. A análise do racismo sob o prisma da ideologia nos leva a algumas conclusões e indagações que dependem do modo com que a noção de ideologia é compreendida. Se por ideologia entende-se uma visão "falseada", "ilusória" e mesmo "fantasiosa" da realidade, o problema do racismo como ideologia se conecta com a concepção individualista

---

* ALMEIDA, Silvio Luiz de. Racismo. Celso Fernandes Campilongo, Alvaro de Azevedo Gonzaga e André Luiz Freire (Coords.). *Enciclopédia jurídica da PUC-SP*. Tomo: Teoria Geral e Filosofia do Direito. Celso Fernandes Campilongo, Alvaro de Azevedo Gonzaga, André Luiz Freire (coord. de tomo). 1. ed. São Paulo: Pontifícia Universidade Católica de São Paulo, 2017. Disponível em: <https://enciclopediajuridica.pucsp.br/verbete/92/edicao-1/racismo>. Acesso em: 05 nov. 2017.

do racismo. Desse modo, ao racismo, como equívoco sobre o real, bastaria opor a "verdade" do conhecimento filosófico ou científico, cujas conclusões apontariam pela inexistência de raças e, por consequência, a falta de fundamento ou "irracionalidade" de todas as teorias e, especialmente, de práticas discriminatórias. Entretanto, para as visões que consideram o racismo um fenômeno estrutural e institucional, mais do que a "consciência", o racismo, como ideologia, molda o inconsciente, de tal sorte que a ação dos indivíduos, ainda que conscientes "se dá em uma moldura de sociabilidade dotada de constituição historicamente inconsciente". Ou seja, a vida cultural e política no interior da qual os indivíduos se reconhecem enquanto sujeitos autoconscientes e onde formam os seus afetos é constituída por padrões de clivagem racial inseridas no imaginário e em práticas sociais cotidianas. Desse modo, a vida "normal", os afetos e as "verdades", são, inexoravelmente, perpassados pelo racismo, que não depende de uma ação consciente para existir. Com efeito, pessoas racializadas resultam das condições estruturais e institucionais e não são os produtores dessas condições. Os privilégios de ser considerado branco não dependem de o indivíduo socialmente branco reconhecer-se ou assumir-se como branco, e muito menos de sua disposição de obter a vantagem que lhe é atribuída por sua raça. Outra consequência do tratamento estrutural do racismo é a rejeição de que o sistema de ideias racistas se nutra apenas de irracionalismos. Por certo o folclore, os "lugares-comuns", os "chistes", as piadas, os irracionalismos e os misticismos são importantes veículos de propagação do racismo, pois é por meio da cultura popular que haverá a naturalização da discriminação no imaginário social.

Quando as minorias atuam como grupos de pressão forma-se uma identidade do grupo, há uma luta contra privilégios dominantes e cria-se uma estratégia de discurso. Assim, é comum que tais grupos se destaquem, dando, inclusive, a falsa impressão de que buscam uma vantagem em relação ao grupo majoritário, que é o verdadeiro detentor de uma condição vantajosa. Essa impressão equivocada e distorcida surge por diversas razões e destacamos aqui duas. Primeiro motivo: quem se insurge contra os papéis "naturalizados" pelo preconceito, incomoda quem pertence ao grupo majoritário. Segundo motivo: quem não é minoria não precisa agir politicamente para disfrutar de seus privilégios, ou seja, já se encontra em vantagem, mesmo que assuma uma postura absolutamente passiva (por exemplo, um branco não precisa fazer nada para não ser discriminado como branco). Assim, as minorias, pelo contrário, é que precisam ter uma posição ativa, para desfazer a desigualdade estrutural das relações sociais e as assimetrias de poder existentes.

Conclui-se, portanto, que o Estado, ao mesmo tempo, é pressionado por determinados grupos que estão em condições assimétricas de poder e é demandado a agir em um duplo sentido no caso das minorias: (i) evitando o aniquilamento a subordinação desses grupos; (ii) diminuindo as diferenças e desigualdade existentes (o que por vezes acaba sendo bastante difícil no quadro de contradições objetivas do capitalismo).

Conforme vimos, a organização política moderna estabelece que todos estão em legitimidade para participar da esfera política e, consequentemente, interferir nos campos estatais em que a legalidade se manifesta (Poder Legislativo, Executivo, Judiciário e no Ministério Público), seja demandando a criação de uma lei, a adoção de uma política pública, o respeito à normas estabelecidas na Constituição, a propositura de ação civil pública etc. Observa-se, assim, a relação estreita entre os conceitos de grupos de pressão e de minorias com o de legalidade e legitimidade que foram estudados anteriormente.

3.5. Reforma e revolução

As doutrinas sobre teoria geral do direito costumam apresentar uma distinção entre reforma e revolução, fenômenos que geralmente decorrem da pressão popular por mudanças na sociedade ou no próprio Estado. A falta de capacidade para absorver as demandas sociais conduz aquilo que se denomina "crise de legitimidade".

Conforme veremos adiante, durante o exercício de um mandato, membros do Executivo e do Legislativo podem tomar decisões dentro da legalidade que, no entanto, podem não ter legitimidade, na medida em que contrariam os interesses populares. Quando isso ocorre de maneira reiterada, surge uma "crise de legitimidade" no governo, que pode se transformar em "crise de legitimidade" do próprio Estado se ele não possui mecanismos institucionais para lidar com essa situação.

Quando o Estado dispõe de meios institucionais e legais para absorver as demandas populares, ocorre uma reforma. Quando não dispõe disso, eventuais mudanças acontecem por meio de revolução. Ambos, portanto, implicam transformação do Estado e consequentemente da organização social, no entanto: a reforma ocorre dentro da legalidade, por meio das instituições estatais já existentes, tendo como resultado mudanças mais superficiais. A revolução ocorre rompendo-se com a legalidade, sem que se recorra às instituições estatais existentes, resultando geralmente em mudanças mais profundas. Como o Estado existe por princípio para garantir a lei e a ordem, invariavelmente, resiste aos movimentos revolucionários. O grau de resistência, contudo, pode ser variável, pois em alguns casos os próprios agentes do Estado podem se tornar partícipes da revolução.

Quando há uma revolução, mas é mantido o modo de produção capitalista e consequentemente o Estado e o direito como seus garantidores, não se pode falar que houve uma transformação radical. Isso porque, etimologicamente, uma mudança radical significa aquela que atinge a raiz (*radice*, em latim) o que somente ocorre quando os fundamentos econômicos são alterados e, por consequência, a organização sociopolítica e cultural.

As "crises de legitimidade" indicam uma insuficiência daquilo que se entende por regimes democráticos contemporâneos. Expliquemos. Etimologicamente, a palavra "democracia" vem do grego: "demo" (povo) + "kratos" (poder). Portanto, o regime democrático é aquele no qual o povo detém o poder político ou, numa tradução mais livre, trata-se do "governo do povo". A legitimidade do governante, conforme vimos, decorre do respeito aos interesses e vontade do povo, pois, somente seria legítimo o governar – exercer o poder – em função do se entende por "bem comum dos cidadãos". Quando há uma desconexão ou distanciamento entre o interesse público e o exercício do poder pelos representantes políticos, há uma "crise de legitimidade" no governo. E isso pode acontecer, conforme vimos, sem que esteja ocorrendo nenhuma violação à legalidade existente.

Como a situação acima descrita tem se repetido reiteradamente no Brasil e em vários lugares do mundo, existe uma tendência na atualidade para se tentar aumentar a representatividade dos Poderes Legislativo e Executivo, conferindo maior proximidade com os interesses e demandas populares. Nas últimas décadas, em alguns países tais mudanças têm ensejado reformas, noutras revoluções (no entanto, nenhuma delas, até então, visando romper com o padrão típico de Estado e das relações econômicas capitalistas existentes, portanto, não se verifica nenhum movimento que tenha obtido êxito na radicalização da democracia na esfera econômica).

Geralmente, as soluções para a "crise de legitimidade" têm sido pensadas em termos de reformas (a crítica marxista aponta justamente o caráter inócuo dessas reformas, uma vez que nunca atingem o núcleo central do capitalismo, responsável por crises cíclicas em todos os níveis da existência humana). Com isso, é comum que se proponha o aumento do uso dos instrumentos da democracia semidireta e o aperfeiçoamento da representação política. No entanto, outros dois aspectos têm sido valorizados para tentar incrementar maior legitimidade às decisões do Estado. São eles:

I. Aumento da transparência. Uma das formas de aumentar o controle social sobre a administração pública é a divulgação extensa e detalhada a respeito das atividades e dos gastos realizados pelo Estado. Isso permite uma melhor fiscalização por parte dos cidadãos, das organizações da sociedade civil e dos próprios órgãos estatais, como o Ministério Público e os Tribunais de Contas. Como resultado, a responsabilidade dos representantes políticos aumenta, uma vez que estão cientes de que eventuais abusos podem resultar numa reprimenda política ou jurídica.

II. Equilíbrio dos poderes sociais. Diversos grupos sociais procuram ocupar os cargos de representação política ou influenciar as decisões dos membros da Administração Pública, do Poder Legislativo e mesmo do Judiciário. Historicamente, os grupos com força econômica, especialmente as grandes corporações, têm conseguido maior êxito neste sentido. O poder econômico converte-se em poder político. Por essa razão, existem tentativas de equilibrar os poderes dos agentes sociais, geralmente de duas formas: (i) diminuindo a influência do poder econômico nas eleições (por meio da restrição dos meios de propaganda, criação de financiamento público de campanhas etc.); (ii) criando mecanismos para evitar a concentração dos meios de comunicação (especialmente televisão, rádio e imprensa escrita) em um mesmo grupo.

No Brasil, vários anos após a redemocratização (1985) foram implantadas medidas relativas à transparência do Estado e às campanhas eleitorais. Contudo, pouco se avançou com relação aos marcos regulatórios da imprensa, exatamente porque a hegemonia das grandes corporações, que dominam concomitantemente a mídia escrita (jornais e revistas), televisiva, radiofônica e as existentes na internet, interditam todo e qualquer debate sobre o tema, sempre rotulando a discussão como tentativa de censura à liberdade de expressão e de imprensa.

3.6. Golpe de Estado

O termo "golpe de Estado" tornou-se comum na Ciência Política e na Teoria do Estado e adquire um sentido específico na Idade Contemporânea. Com o advento do constitucionalismo, o termo golpe de Estado pode ser definido como *ação desempenhada por um governante ou por grupo que detém autoridade oriunda da esfera estatal, que afronta de modo deliberado o direito a legalidade com o objetivo de assumir ou de continuar no governo do Estado.*

Por meio da definição apontada, nota-se a presença de três requisitos para caracterizar o "golpe de Estado": (i) a participação direta de agentes investidos de poder por intermédio do Estado; (ii) quebra da legalidade e, quase invariavelmente, da constitucionalidade; (iii) a finalidade de assumir o governo do Estado ou de permanecer indevidamente na condição de governante.

Nota-se, portanto, que um "golpe de Estado" sempre envolve em algum nível as autoridades civis e militares concomitantemente, seja por ação deles, ou por omissão. O Poder Judiciário e as forças militares podem participar de modo *passivo*, neste caso, não impedindo o movimento golpista. Outra hipótese é a participação *ativa* no golpe e, nesse sentido, é comum o envolvimento de forças militares, uma vez que tal grupo tem melhores condições para efetivar a pretensão de um movimento golpista, pois possuem os meios coercitivos (os mecanismos concretos de poder, como armas, veículos e tropas) para constranger de modo direto ou indireto aqueles que se opõem ao golpe de Estado. Portanto, um "golpe de Estado" pode ser um "golpe militar", ou seja, liderado por forças militares, contudo, como dito, essa coincidência não ocorre necessariamente, logo, um golpe de Estado pode envolver, de modo ativo, apenas grupos civis. Por exemplo, um movimento golpista pode partir do Poder Legislativo, que depõe ilegalmente – ao arrepio da Constituição Federal – governante eleito legitimamente pelo povo com a anuência, expressa ou tácita, do Poder Judiciário.

Além do apoio das forças militares, por ação ou omissão, um golpe de Estado ocorre quando existe um ambiente político e ideológico propício para sua ocorrência. Dificilmente, em um momento de normalidade política, social e econômica, um golpe de Estado consegue ter êxito, pois, nesse contexto, a tendência é que seja rechaçado por forças do Estado e da sociedade civil. Por essa razão, é comum que os golpes de Estado sejam precedidos por um movimento *midiático-ideológico*, atuante sobre o plano emocional e racional dos cidadãos, voltado para: (i) deslegitimar o(a) governante que sofre o golpe e justificar sua queda; (ii) legitimar aquele que pretende assumir ou manter a condição de governante por intermédio do golpe.

Ainda no plano ideológico, o golpe de Estado possui maiores chances de êxito conforme nega estar rompendo com a ordem constitucional ou com a legalidade em geral. Portanto, é comum que apoiadores do golpe digam, por ingenuidade ou cinismo, que sua ocorrência não constitui afronta à Constituição ou a normas infraconstitucionais. Vejamos um exemplo que ilustra isso.

A hipótese de *impeachment* no presidencialismo, impedimento do(a) Presidente da República, exige a ocorrência de *crime de responsabilidade*, ou seja, uma ação que seja tipificada como *crime* e que tenha sido praticada com *dolo comprovado* do agente político. O Poder Legislativo, incumbido de autorizar o processo e julgar o(a) Presidente, pode até afirmar que sua condenação decorre da prática de crime de responsabilidade, quando na realidade, pode estar agindo por outras razões. Nos casos em que a ocorrência ou não de crime é controvertida, seria difícil afirmar se houve ou não golpe de Estado, a menos que os membros do Legislativo, que decidiram pelo golpe, confessassem publicamente que depuseram governante por conta de motivos alheios aos de ordem criminal, ou seja, a menos que admitissem, por exemplo, que fizeram *impeachment* contra quem exercia a Presidência por conta de sua "impopularidade", da "crise econômica", do "conjunto da obra", da "falta de apoio parlamentar", da "incapacidade para governar" etc.

Conclui-se, por consequência, que o golpe de Estado relaciona-se com legalidade e legitimidade de dois modos: (i) um movimento golpista age fora da legalidade e possui maior probabilidade de êxito conforme possua maior legitimidade (consenso este que pode ser construído a partir dos aparatos ideológicos e midiáticos); (ii) negar a ocorrência da quebra da legalidade é um expediente utilizado para aumentar a aceitação do movimento golpista e, portanto, conferir a ele maior legitimidade.

Golpe de Estado e revolução podem se relacionar. De um lado, um movimento revolucionário pode culminar em "golpe de Estado", mas isso também não ocorre necessariamente, uma vez que uma revolução pode ocorrer sem a participação ativa dos integrantes do aparato estatal. De outro lado, a ocorrência de um golpe de Estado pode levar uma insurreição popular antigolpista e, consequentemente, a uma revolução.

Mesmo que golpe de Estado e revolução possam se relacionar, tais conceitos não se confundem. Conforme vimos, movimentos revolucionários, além de envolver a participação de amplos setores da sociedade (e não exclusivamente os agentes investidos de poder estatal), acabam por transformar de modo radical a realidade e a legalidade existente, enquanto que um movimento golpista pode ter o objetivo contrário, portanto, ter um viés conservador e ocorrer justamente para impedir uma revolução ou para evitar avanços progressistas via reformas.

Indicações de leitura:

BOBBIO, Norberto. *A era dos direitos*. 9. ed. São Paulo: Elsevier, 2004.

MBEMBE, Achille. *Políticas da inimizade*. Lisboa: Antigona, 2017.

LENIN, Vladimir. *O Estado e a revolução*. A revolução proletária e o renegado Kautsky. São Paulo: Sundermann, 2005. Tradução disponível *on-line* em: <https://www.marxists.org/portugues/lenin/1917/08/estadoerevolucao/index.htm>.

4
PARTICIPAÇÃO POLÍTICA INSTITUCIONALIZADA NO ESTADO

Para explicarmos o conteúdo deste capítulo, iniciaremos com um trecho do principal Tratado Internacional que regula os direitos fundamentais em nível mundial: a *Declaração Universal dos Direitos Humanos*. Seu artigo XXI trata especificamente dos parâmetros democráticos mínimos que devem existir nos Estados, estabelecendo que:

> I) Todo homem tem o direito de tomar parte no governo de seu país diretamente ou por intermédio de representantes livremente escolhidos.
> (...)
> III) A vontade do povo será a base da autoridade do governo; esta vontade será expressa em eleições periódicas e legítimas, por sufrágio universal, por voto secreto ou processo equivalente que assegure a liberdade de voto.

Tais dispositivos apontam para os dois principais pontos necessários para que um regime de governo seja considerado democrático na atualidade: (i) participação do cidadão no governo, *diretamente* ou por intermédio de *representantes*; (ii) *sufrágio* universal e secreto em *eleições* periódicas e legítimas. Nestes dois pontos está presente, de modo direto e indireto, o conteúdo deste capítulo.

De início, seguindo a tradição da Teoria Geral do Estado, abordaremos a *participação do cidadão* no campo político explicando que isso pode ocorrer de três modos diferentes: (i) diretamente (democracia direta); (ii) por intermédio de representantes políticos (democracia representativa), (iii) combinando os dois meios (democracia semidireta).

Após a exposição dos conteúdos acima trataremos de temas relacionados com a democracia representativa, explicando o conceito e temas ligados a *mandato político, partido político, sistemas eleitorais, sufrágio* e *elegibilidade*. Todos esses temas, como se nota, estão relacionados com a ideia de "legitimidade política" explicada no terceiro capítulo e, consequentemente, com o conceito de "regime democrático" exposto no segundo capítulo.

4.1. Democracia direta

Comumente, a primeira experiência histórica de democracia direta é atribuída à civilização grega na antiguidade, mais precisamente na *Pólis* (cidade-estado) de Atenas durante os séculos VI a IV a.C. Na realidade, como sabemos, a democracia ateniense excluía as mulheres, escravos e idosos da política, portanto, não se trata daquilo que se entende por regime democrático na atualidade. Contudo, comparada com as demais civilizações da antiguidade, Atenas mostrava um modo de organização política muito distinto, no qual os cidadãos atenienses tinham direito a debater e decidir conjuntamente o destino da *Pólis*. Esse contexto permitiu a identificação de uma democracia direta na antiguidade.

Na atualidade, não há nenhum Estado no qual o regime democrático implique a possiblidade de participação direta dos cidadãos em toda gestão pública. Comumente, se atribui essa impossibilidade a dois fatores, são eles:

I. Obstáculos de ordem demográfica: o número de cidadãos em cada Estado é muito elevado e inviabiliza a democracia direta. Sem dúvida, isso faz algum sentido, contudo, fica inexplicado porque mesmo em comunidades pequenas – municípios com poucos habitantes, por exemplo, não há qualquer ensaio de democracia direta. Além disso, a democracia direta pode ser exercida por intermédio de espaços institucionais setoriais, no qual os cidadãos – ou entidades representativas e especialistas – são convidados a participar diretamente do debate e das decisões. No entanto, há poucas oportunidades neste sentido e quando existem, seguem apenas um modelo de consulta, os participantes apenas opinam, mas dificilmente há um arranjo político/institucional para permitir que os participantes tenham legitimidade para tomar decisões válidas.

II. Obstáculos de ordem econômico-cultural: os cidadãos não têm tempo ou interesse de se envolver cotidianamente com a política, estando mais ocupados ou interessados na vida privada, em trabalhar ou empreender. Esse argumento surge na modernidade, quando começa a se conceber que a liberdade desejada pelos modernos seria especialmente econômica, o direito de livre iniciativa. Segundo essa doutrina, a liberdade almejada pelos antigos era política, o direito de participação permanente no espaço público. A dos modernos não, ela se dá no espaço das relações econômicas e a liberdade política visa apenas preservar que não haja a supressão da liberdade privada. Nesse sentido, nota-se que os liberais nunca esconderam uma profunda antipatia pela democracia direta, posição evidenciada pelo famoso conjunto de textos "O Federalista" no qual se debatia a organização política para fundação dos Estados Unidos.[1]

A visão acima descrita combina perfeitamente com a ideologia liberal, que surge com o desenvolvimento do capitalismo. Como sabemos, esse modo de produção se reproduz a partir de relações entre sujeitos que trocam mercadorias – inclusive a força de trabalho – por meio de uma decisão livre. Ninguém pode ser constrangido diretamente por outro a trocar uma mercadoria, pois a coação é entendida como vício do negócio jurídico e implica a sua nulidade (o fato social de a classe trabalhadora ter como única opção a venda da força de trabalho não é considerado um constrangimento pela lei, pois a ideia de coação é pensada do ponto de vista da relação individual, não de classe). Assim, a acumulação de capital pela burguesia e a sobrevivência do trabalhador dependem reciprocamente do exercício dessa liberdade no âmbito privado. Se a forma de relação social permeia o todo social, não é à toa que a consciência do sujeito somente veja o mundo e o tempo pela lógica da troca mercantil.

Dito de outra maneira, no capitalismo, cada indivíduo passa a enxergar a sua existência, sua própria razão de viver, conforme as regras, princípios e valores que regem a reprodução das relações econômicas, afinal, ordenando-se a partir deles o sujeito enxerga a possibilidade manutenção da sua própria condição de existência e de sua família (isso é válido tanto para os trabalhadores, quanto para a burguesia). Tal situação se reforça pelo fato de que no capitalismo, ao contrário de outros modos de produção, as relações sociais na economia se voltam para acumulação permanente de capital. Não existe, portanto, um limite ideal de

---

1 Original disponível em: <http://www.constitution.org/fed/federa10.htm>. Acesso em: 01 nov. 2013.

valor acumulado, razão pela qual sua sucessão e sua intensificação ocorrem numa projeção infinita e indeterminada. Isso afeta o âmbito da produção e do consumo, que precisa reinventar-se permanentemente para manter os níveis de produção e consumo. Isso demanda o investimento permanente no progresso técnico e a ocupação do máximo de tempo disponível dos indivíduos nesse sentido. Ao mesmo tempo, os mecanismos para manutenção do consumo precisam ser reinventados igualmente, pois a acumulação depende da produção, da circulação e do consumo das mercadorias. O tempo dos sujeitos, portanto, está integralmente voltado para o âmbito econômico: ou se está trabalhando ou se está consumindo, inclusive o próprio tempo livre é pensado como objeto de consumo e oportunidade para consumir.

No contexto acima descrito, não é difícil concluir porquê, desde o advento do capitalismo, em todos os lugares do mundo, em todas as épocas, todos estejam demasiadamente ocupados com a vida privada, com as relações econômicas, sem tempo para se dedicar à vida pública, à política (ser "político", inclusive, se torna uma profissão, ou seja, meio de vida; com isso, não surpreende que o espaço público reproduza o que é o espaço privado, tornando-o um balcão de negócios, um local de trocas). Pela mesma razão, não há condições para uma cultura pró-política, mas sim para um "inexplicável" desinteresse, uma apatia quase permanente, que só costuma ser rompida quando os cidadãos percebem que a organização estatal e política acaba por interferir nas suas próprias condições materiais de existência.

4.2. Democracia semidireta

Diante da inexistência de uma democracia direta e da insuficiência do modelo da democracia representativa (questão mais bem explicada ao longo dessa obra, especialmente na introdução), surgem tentativas para tentar promover maior participação política dos cidadãos na gestão do Estado. Como tais mecanismos sempre envolvem um controle e organização do poder por intermédio dos representantes políticos, não é correto afirmar que se tratam de instrumentos de democracia direta, mas sim, semidireta.

Podemos dividi-los em dois grupos. Instrumentos de decisão popular e de opinião/participação popular. O primeiro permite que os cidadãos efetivamente tomem uma decisão a ser acatada pelo Estado. No segundo caso, o Estado cria um canal institucional voltado especialmente para consultar a sociedade civil (organizada ou individualmente) e assim qualificar suas decisões.

São instrumentos de *decisão popular*, dentre outros:

I. Referendo: consulta feita aos cidadãos posteriormente à elaboração de Projeto de Lei. Neste caso, o Poder Legislativo aprova um texto de lei e o submete à decisão popular, que pode aprovar ou rejeitar o texto legal que foi objeto do referendo. Sua utilização está prevista na legislação brasileira. Este tipo de consulta popular é comum nas unidades da federação que compõem os Estados Unidos da América, abrangendo diversos temas, desde a descriminalização do consumo de algumas espécies de entorpecentes até a legalização do aborto.

II. Plebiscito: consulta feita aos cidadãos antes da elaboração de Projeto de Lei. O Poder Legislativo, neste caso, deve criar um Projeto de Lei respeitando o parâmetro que foi previamente escolhido por meio de plebiscito. Sua utilização está prevista na legislação brasileira. No Brasil, foi realizado um plebiscito por meio do qual os cidadãos decidiram se o Brasil permaneceria como república presidencialista (opção vencedora), república parlamentarista ou monarquia parlamentarista. Neste caso, primeiro decidiu-se o modelo e depois seria criada uma legislação para regulamentar a escolha (como optou-se pelo presidencialismo, forma de governo que já era adotada, as regras já existentes foram mantidas).

III. "Recall" (numa tradução livre, trata-se de uma *rechamada*): possibilidade de os cidadãos reverem mandatos eletivos. Uma vez eleito o chefe do Poder Executivo (Presidente da República, por exemplo), os cidadãos são consultados para votar pela continuidade do mandato ou pelo fim, o que enseja a realização de novas eleições. A própria legislação prevê quais os critérios que possibilitam convocar um *recall*. Geralmente a condição é a manifestação de um determinado número de eleitores, por meio da assinatura de um pedido. Para evitar que tal medida venha ocorrer apenas para desestabilizar politicamente um governante, pode-se exigir uma garantia em dinheiro daqueles que solicitam um *recall*, valor este que somente será devolvido se de fato o mandato em questão for revogado. Sua utilização não está prevista na legislação brasileira.

IV. Orçamento participativo: processo democrático, institucionalizado, que permite aos cidadãos discutirem e decidirem, diretamente ou por meio de representantes eleitos, orçamentos e políticas públicas. Seus requisitos jurídicos e políticos para funcionamento são: (i) Anuência dos Poderes Legislativo e Executivo; (ii) Interesse e presença das organizações da sociedade civil e dos cidadãos; (iii) Regras bem definidas, democráticas e transparentes sobre o funcionamento; (iv) Capacitação dos agentes – públicos e privados – participantes; (v) Ampla divulgação das informações sobre cronograma, eventos e as regras; (vi) Eficácia das decisões tomadas pelos participantes, ou seja, sua implementação concreta. A experiência pioneira nasceu na gestão do Partido dos Trabalhadores (PT) no município de Porto Alegre/RS. Atualmente, é utilizado por vários municípios do Brasil e do mundo.

São instrumentos de *participação e/ou opinião popular*, dentre outros:

I. Iniciativa popular: possibilidade de os cidadãos, sem intermédio de representantes políticos, apresentarem *Projetos de Lei* que serão objeto de decisão pelo Poder Legislativo. O requisito é que haja um percentual significativo de cidadão assinando o Projeto de Lei. No Brasil, o percentual para leis federais é de no mínimo "um por cento do eleitorado nacional, distribuído pelo menos por cinco Estados, com não menos de três décimos por cento dos eleitores de cada um deles" (Art. 61, § 2º da Constituição Federal), no caso de leis municipais, "pelo menos, cinco por cento do eleitorado" (Art. 29, XIII da CF), e no caso das leis estaduais este percentual varia de estado para estado. No Brasil, a principal crítica feita ao modelo de iniciativa popular adotado são os requisitos muito rígidos para sua apresentação, bem como o fato de o Projeto de Lei por iniciativa popular não ter nenhuma preferência na tramitação da Casa Legislativa (por exemplo, não bloqueia a pauta de votação dos demais Projetos).

II. Consultas públicas: mecanismo por meio do qual se estabelece um prazo para colher contribuições por escrito da sociedade a respeito de determinado assunto de interesse comumente do Poder Legislativo ou Executivo. A consulta pode ser feita por meio de enquetes ou de manifestações livres dos participantes, sendo comum a utilização de tecnologias como a internet. A consulta pressupõe divulgação da sua realização e de seus resultados, bem como disponibilização de documentos para compreensão do tema objeto da consulta.

III. Audiências públicas: visam a participação pontual da sociedade civil na discussão de temas considerados socialmente relevantes. Diferentemente das consultas públicas, as audiências são realizadas presencialmente. Dependendo do modelo, participam notórios especialistas, instituições públicas e/ou privadas e/ou cidadãos comuns. Quando afetam grupos, organizações ou segmentos da sociedade em particular, deve-se buscar a máxima participação daqueles que são os principais interessados (por exemplo, uma alteração na legislação trabalhista deve contar com a participação de trabalhadores, empresário, sindicatos, ministério público do trabalho, associação de magistrados trabalhistas etc.). Audiências públicas podem ser realizadas pelo Poder Executivo e pelo Poder Legislativo, bem como pelo Judiciário, pelo Ministério Público e pela Defensoria Pública ou quaisquer outros entes da administração pública direta e indireta. Para atingir seus objetivos, a audiência pública deve obedecer algumas diretrizes: (i) divulgação ampla e prévia da data e local do evento; (ii) determinação clara do objeto e da metodologia a ser utilizada; (iii) permissão de livre acesso aos interessados; (iv) sistematização e utilização das contribuições recebidas; (v) disponibilização do conteúdo dos debates ocorridos (vi) exposição de dados sobre o resultado alcançado (número de participantes, de contribuições recebidas etc.). No Brasil, a Constituição Federal prevê expressamente a realização de audiências públicas pelas

Comissões do Poder Legislativo (Art. 58, inciso II). As audiências públicas no âmbito do Poder Judiciário foram previstas, inicialmente, por meio das Leis Federais nº 9.868/1999 e 9.882/1999, que estabelecem que o Supremo Tribunal Federal (STF) as realizará quando julgar: (i) ações diretas de inconstitucionalidade (ADI); (ii) ações declaratórias de constitucionalidade (ADC ou Adecon); (iii) arguições de descumprimento de preceito fundamental (ADPF).[2]

IV. Conselhos na Administração Pública: órgãos voltados para a integração institucional e permanente entre sociedade civil e poder público. Seus objetivos são: conferir representatividade da Sociedade Civil na Gestão Pública; qualificar técnica e politicamente as decisões da Administração Pública; servir como meio institucional de diálogo entre cidadãos e o poder público; exercer um papel consultivo sobre os temas a que se destina; acessar dados públicos e exercer fiscalização. Tais Conselhos cumprem papel fundamental para ajudar os gestores públicos na tomada de decisão e é um dos principais instrumentos para que o Terceiro Setor (composto por organizações não governamentais (ONGs) e demais organizações sociais) e a sociedade civil como um todo possam contribuir com o aperfeiçoamento e democratização da administração pública. A legitimidade de entidades representativas não parte de votos oriundos de um processo eleitoral (ainda que possam haver eleições para membros de Conselhos), mas de seu compromisso com uma causa pública como, por exemplo, a defesa dos direitos humanos ou da preservação ambiental. O Brasil utiliza Conselhos nos níveis federal, estadual e municipal.

---

2   A primeira audiência pública do STF ocorreu no dia 20 de abril de 2007 por ocasião da ADI nº 3.510, que impugnava dispositivos da Lei de Biossegurança (Lei nº 11.105/2005).

Teoria geral do Estado | 133

4.3. Democracia representativa

A partir da idade contemporânea consolidou-se o modelo de democracia representativa. Neste caso, os cidadãos não exercem diretamente as funções típicas do Estado (administrar, legislar e julgar), eles apenas elegem representantes políticos que pertencem a *partidos políticos* (salvo exceções) e devem exercer seus *mandatos políticos* tomando decisões que respeitem a vontade popular (legitimidade) e as normas jurídicas vigentes (legalidade).

Conforme vimos anteriormente, a escolha de representantes políticos pode ocorrer indiretamente, ou seja, em alguns sistemas de governo elege-se um corpo político e este decide quem será o mandatário de cargo político (por exemplo, a escolha do primeiro-ministro pelo parlamento no sistema de governo parlamentarista). O entendimento da Teoria Geral do Estado é no sentido de que a existência de eleições indiretas, por si só, não descaracteriza a existência de um regime democrático.

Existem diferentes critérios para definir como as eleições determinam quais serão os representantes políticos, portanto, a Teoria Geral do Estado expõe os diferentes tipos de *sistemas eleitorais*. Além disso, sempre existem critérios que definem quem tem direito de votar (exercer o *sufrágio*) e de ser votado (condições de *elegibilidade* e *inelegibilidade*).

Como cada um desses temas possui uma série de questões e detalhes que trataremos separadamente de explicar: mandato político, partido político, sistemas eleitorais, sufrágio e (in)elegibilidade.

4.4. Mandato político

Mandato etimologicamente vem do substantivo em latim *mandatum* que deriva do verbo *mandare* (mandar, ordenar). No direito privado, o mandatário deve exercer os poderes que foram outorgados em estrita observância aos interesses do mandante. Paradoxalmente, na política, quem exerce um mandato

– no Poder Legislativo ou no Executivo – não é visto como aquele que é mandado (ou comandado), mas sim, como aquele que manda. Isso ocorre porque a teoria política contemporânea tratou de rejeitar o "mandato imperativo".

O *mandato imperativo*, tem sua inspiração no direito privado, estabelecendo que o representante político deve prestar conta aos seus respectivos eleitores, observando os interesses e deliberações destes. Caso surja uma questão que não foi objeto de discussão e decisão prévia, deve novamente consultá-los. Essa ideia de mandato foi rejeitada pela França, quando da elaboração da Constituição de 1791, após a Revolução Francesa. O mesmo aconteceu nos demais países quando implantaram os sistemas de representação política. Os iluministas argumentavam que o mandato imperativo trazia concepções da Filosofia Medieval, que concebia a sociedade dividida em estamentos. O mandatário político deveria ser visto como um representante da nação, do todo político, não de grupos particulares. Caso contrário, haveria um regime oligárquico, não democrático, pois cada qual exerceria seu mandato representando uma fração, um pouco do todo ("oligo" em grego significa "pouco"), não a totalidade ("demos" em grego significa "povo").

Na concepção atual o mandatário político representa todos os cidadãos, não a fração que o elegeu – isto é válido para os membros dos Poderes Executivo e Legislativo. Por essa razão, o mandato político confere:

I. Poderes gerais, ou seja, não são específicos, limitados pelos eleitores. As únicas limitações decorrem da lei, que define quais as competências do mandatário.

II. Autonomia, razão pela qual o mandatário não precisa ratificar seus atos e decisões políticas perante os eleitores, tampouco justificá-los, para que tenham validade.

III. Irrevogabilidade, isso significa que o mandatário não

pode ser destituído mesmo que suas decisões políticas contrariem os interesses dos representados.

Nota-se, assim, que as características do mandato tornam o mandatário irresponsável politicamente por seus atos, ou seja, ele não pode ser responsabilizado por ter contrariado a vontade ou o interesse de seus eleitores. Segundo as teorias liberais, isso seria necessário para evitar governos demagógicos ou reféns de grupos ou questões particulares e circunstanciais. No fundo, percebe-se que se trata da lógica da estabilidade (da certeza e segurança jurídica): os mandatos contemporâneos permitem que as decisões tomadas sejam consideradas sempre válidas, não podendo ser contestadas politicamente pelos cidadãos posteriormente, por sua falta de legitimidade.

Alguns dos mecanismos para evitar uma irresponsabilidade política ao extremo (sem romper com as características do mandato acima descritas) e permitir certo controle político consiste na utilização dos instrumentos da democracia semidireta e na implantação de um sistema de governo parlamentarista (explicados anteriormente).

Por mais que o mandatário político seja representante do povo – da totalidade dos cidadãos –, a sociedade não possui a mesma unidade, portanto, ela é constituída por diversos grupos, com interesses distintos. No capitalismo, particularmente, existem classes sociais, portanto, um antagonismo que se coloca objetivamente, independentemente da vontade subjetiva de cada um. Dito de outro modo, as contradições sociais engendradas pelo modo de produção capitalista são estruturais, não individuais, ou seja, o capitalismo se define pela existência do conflito entre capital e trabalho, afinal, o capital representa o trabalho morto acumulado, a apropriação pela burguesia daquilo que é produzido pelos trabalhadores. Evidentemente, os conflitos de interesses não se resumem a questão de classe, porém, não se pode ignorar, por outro lado, que há relação dela com outros embates existentes, seja no âmbito ambiental ou fundiário, seja com relação às manifestações de intolerância (racismo, machismo, homofobia, xenofobia etc.).

No Brasil, os mandatos para cargos do Poder Executivo – presidente da república, governador do estado e prefeito do município – têm duração de quatro anos. No Poder Legislativo, mandatos de vereadores, deputados estaduais e deputados federais têm duração de quatro anos, já o mandato de senador da república é de oito anos. Como todos os membros do Legislativo podem concorrer a reeleições sucessivas, isso leva a uma sucessão de mandatos, às vezes por várias décadas.

O caráter heterogêneo da sociedade conflita com as características do mandato político, uma vez que a representação política projeta uma unidade que não existe na realidade social. Como forma de lidar com essa fragmentação, a organização político-social ocorre por intermédio dos partidos políticos. A própria palavra "partido", inclusive, indica que se trata de uma "parte", não do todo. Disso trataremos a seguir.

4.5. Partidos políticos

Partidos políticos são *grupos organizados com o objetivo de influenciar o exercício do poder pelo Estado*. Ainda que os partidos políticos atuem em outras estruturas de poder, o Estado é o local no qual incide sua principal atuação. Noutras palavras, os partidos políticos procuram conduzir as ações estatais em determinado sentido e também atuam em outras instituições e espaços não estatais, em ambos os casos com a finalidade de fazer prevalecer os ideais do partido ou os interesses de seus integrantes.

Para atingir seus objetivos, os partidos procuram, sobretudo, vencer disputas eleitorais (ou aliar-se a possíveis vencedores) e assim ocupar determinados cargos e funções dentro do Estado de modo a controlar o aparato de governo. Nota-se, portanto, que um partido não apenas visa ocupar cargos eletivos, mas a estrutura burocrática estatal como um todo, composta por ministérios, secretarias, agências reguladoras, empresas estatais e de economia mista etc.

No Brasil, a legislação estabelece que o "partido político, pessoa jurídica de direito privado, destina-se a assegurar, no interesse do regime democrático, a autenticidade do sistema representativo e a defender os direitos fundamentais definidos na Constituição Federal" e que ele "não se equipara às entidades paraestatais".[3]

Os membros de um partido compartilham de valores, crenças, ideias e objetivos em comum, ou ainda, no mínimo, possuem interesses convergentes, que pode ser algo mais nobre, mas também pretensões espúrias e ilegais (geralmente não declaradas abertamente ou disfarçadas em discursos demagógicos), como enriquecer ilicitamente, destruir determinada minoria ética ou religiosa etc. (são um exemplo disso o partido nazista, na Alemanha da década de 1920, os atuais partidos neonazistas ou os que professam doutrinas de ódio e intolerância).

Nem todos os Estados exigem filiação partidária como requisito para participar de disputas a cargos eletivos do Estado (a legislação brasileira exige). A filiação partidária dá ao eleitor maior segurança a respeito de quais são os ideais que o candidato compartilha, por essa razão, é comum que a legislação, além da filiação partidária, estabeleça regras de *fidelidade partidária*, o que pode incluir, por exemplo, a perda do mandato caso o candidato eleito (deputado, por exemplo) se desfilie, sem justa causa, do partido pelo qual foi eleito.

A partir do século XIX surge uma organização política por meio de partidos políticos que é semelhante àquela existente na

---

3 Artigo 1º e § único da Lei dos Partidos Políticos (Lei nº 9.096, de 19 de setembro de 1995 que dispõe sobre partidos políticos e regulamenta os artigos 17 e 14, § 3º, inciso V, da Constituição Federal).

atualidade, pois, anteriormente, era muito comum que a segmentação política (na forma do que poderia se chamar de partidos) não fosse aceita (o grupo político divergente era considerado como inimigo, não como adversário). No século XIX, consolida-se a ideologia da pluralidade (ainda que limitada) e do Estado como aparato de poder impessoal voltado ao interesse público e, portanto, há uma disputa em torno de seu controle, afinal, se a igualdade dos indivíduos é um direito, então todos sentem-se legitimados a participar igualmente no espaço público (diferentemente do que ocorria na Idade Média ou Idade Antiga). Dentro de um cenário no qual o capitalismo avança para sua fase industrial, destaca-se a organização política dos trabalhadores e trabalhadoras com objetivo de conquistar direitos políticos e direitos sociais, de conseguir melhores condições de trabalho e, no caso dos partidos comunistas, de lutar pelo fim do capitalismo. A luta política (e partidária) reflete, em certa medida, a luta de classes.

Ao longo do século XX e XXI, os partidos políticos não perdem totalmente seus vínculos de classe, contudo, o cenário de disputa inclui partidos voltados a questões setorizadas (ambientais, religiosas etc.) ou simplesmente voltados a atender os interesses particulares de seus dirigentes (nunca de modo declarado neste sentido). Por mais que existam variações, o modelo de organização política por intermédio de partidos políticos se consolida e, portanto, a disputa política envolve invariavelmente, em algum nível, a participação dos partidos políticos ou a disputa interna em um partido.

Contemporaneamente, na maioria dos países capitalistas, adotam-se sistemas *bipartidários* ou *pluripartidários*. Nos bipartidários há o domínio de apenas dois partidos. Isso pode decorrer de uma proibição à existência dos demais partidos ou então porque a legislação faz com que a representação política

Teoria geral do Estado

| 139

fique concentrada apenas nos dois que têm melhores resultados nas disputas eleitorais. O *bipartidarismo* é adotado, por exemplo, pelos Estados Unidos da América. Nos pluripartidários, os diversos partidos existentes têm a possibilidade de conquistar parte dos cargos de representação política. No Brasil, desde a redemocratização em 1985, adota-se o pluripartidarismo, contudo, o bipartidarismo já foi utilizado anteriormente.

O *pluripartidarismo* é criticado pelo excesso de dispersão do poder político. Nele os partidos se tornam núcleos de poder autônomo sem qualquer representatividade ou ideais programáticos, transformando-se apenas em legendas com direitos a participação nos fundos partidários e com tempo na propaganda eleitoral (que na época de eleição se tornam moedas de troca).

O *bipartidarismo*, por sua vez, é criticado pela excessiva centralização do poder político. Apenas se destacam os partidos que representam a média da ideologia disseminada socialmente. Segmentos com ideias diferenciadas ou voltados para questões mais setorizadas ou grupos minoritários não têm nenhum espaço ou tem algo inexpressivo.

As teorias marxistas, por sua vez, formularam a ideia de governo a partir de partido único por defenderem que a transição para o comunismo implica o fim do poder político burguês, portanto, a dissolução dos partidos burgueses, e uma nova organização política, não baseada no modelo de partidos e mandatos tradicionalmente existentes nos países capitalistas. Os dissensos políticos neste modelo, portanto, deveriam se manifestar no interior do partido constituído pelos trabalhadores. Os partidos comunistas, de inspiração marxista, surgiram em diversos locais do mundo. Ainda que atualmente sejam tolerados na maioria dos países capitalistas, historicamente foram colocados na clandestinidade, perseguidos ou extintos, inclusive nas últimas décadas em nações tidas como democráticas, sempre que tais partidos se aproximaram do comando do Estado ou quando efetivamente assumiram o poder tentando implantar transformações em oposição ao capitalismo.

Veremos a seguir que além de um modelo de organização partidário existe igualmente um *sistema eleitoral* voltado a determinar como será feito, dentro da legalidade, a distribuição legítima do poder político entre os vitoriosos na disputa, estejam eles dispersos em vários partidos ou concentrados em um único.

4.6. Sistemas eleitorais

Na atualidade, os sistemas utilizados para eleição de representantes políticos comumente são os seguintes: o de eleição majoritária, proporcional e distrital. Vejamos cada um.

a) Sistema de eleição majoritária

Nesse sistema, o candidato que obtiver a maioria dos votos vence o cargo em disputa. No Brasil, ele é adotado para eleger chefes do Poder Executivo (Presidente da República; Governador do Estado e do Distrito Federal; Prefeito Municipal) e senadores.

Com relação aos senadores brasileiros, conforme vimos, são três por Estado e três pelo Distrito Federal com mandato de oito anos. A cada eleição são renovados, alternadamente, um terço ou dois terços da casa legislativa. Como as eleições são realizadas a cada quatro anos, numa eleição são eleitos dois senadores e na outra um senador por estado ou pelo Distrito Federal.

Geralmente o sistema de eleição majoritária enseja eleições em dois turnos. Se o candidato mais votado, no primeiro turno, não obtiver um número de votos que seja superior à metade dos votos válidos, então é necessária a realização de uma nova disputa. No segundo turno, os dois candidatos mais votados disputam entre si e aquele que obtiver o maior número de votos vence.

Comumente, são considerados válidos os votos em candidatos e os votos em branco, que seriam uma forma clara de protesto político (o desejo de não votar em ninguém, diferente do voto nulo, que pode ser entendido como erro do eleitor – que não observou o procedimento correto – ou como protesto). No Brasil, desde as eleições de 1998,[4] os votos "em branco" deixaram de ser considerados válidos, o que aumentou as chances de vitória no primeiro turno, uma vez que o candidato, agora, apenas tem de superar o voto de todos os demais candidatos (sem contar os votos em brancos).

b) Sistema de eleição proporcional

O sistema de eleição proporcional, conforme o próprio nome indica, permite que os cargos em disputa sejam ocupados proporcionalmente pelos partidos. No Brasil, ele é utilizado para as eleições do Poder Legislativo, com exceção do Senado Federal, conforme apontamos anteriormente.

Existem métodos de cálculo distintos para se obter a proporcionalidade. No Brasil, a matéria está regulamentada no Código Eleitoral e basicamente utiliza-se o sistema baseado no *quociente eleitoral*. Ele é obtido dividindo-se o *número de votos válidos* pelo *número de cargos/vagas* em disputa. Os cargos serão distribuídos conforme a proporção de votos obtidos pelo partido em relação ao quociente eleitoral. Assim, se o número de votos de um partido for duas vezes superior ao quociente eleitoral, terá direito a dois cargos, se for dez vezes superior, terá direito a dez cargos (no Brasil, caso um partido não atinja ou supere o quociente eleitoral, não terá direito a nenhum cargo). Definido o número de cargos obtidos, serão eleitos os candidatos

---

4   A mudança ocorreu em 1997 por puro casuísmo, uma vez, que se projetava uma reeleição apertada do candidato à presidência Fernando Henrique Cardoso (PSDB). Ao final, ele obteve 53% dos votos válidos no primeiro turno, o que levaria a disputa ao segundo turno se os votos brancos – 8% – ainda fossem considerados válidos. Aliás, a própria criação da reeleição também foi cercada de polêmicas, ante a revelação de gravações telefônicas nas quais parlamentares afirmaram que venderam seus votos para aprovar a emenda constitucional da reeleição.

142 | Camilo Onoda Caldas

com maior número de votos no seu respectivo partido (ou coligação, caso elas existam). Observa-se, assim, que não se trata de um sistema voltado apenas para eleger quem recebeu mais votos nominalmente.

Vejamos um exemplo detalhado (para simplificar alguns aspectos, vamos ignorar três questões: (i) a existência de coligações de partidos; (ii) o fato de haver voto na legenda (nos partidos); (iii) a questão das frações e sobras que ensejam métodos de cálculo distintos). Suponha um órgão legislativo em que há 7 cargos/vagas em disputa, com 700 votos válidos distribuídos da seguinte forma (cada dupla de letra indica o nome de um candidato):

	Total de votos	Distribuição de votos por candidatos						
Votos válidos	700	Nome	Votos	Nome	Votos	Nome	Votos	Nome	Votos
Partido I	300	Aa	90	Bb	80	Cc	70	Dd	60
Partido II	100	Ee	40	Ff	30	Gg	20	Hh	10
Partido III	200	Ii	150	Jj	25	Kk	15	Ll	10
Partido IV	100	Mn	29	Nn	28	Oo	27	Pp	16

Seguem-se as seguintes etapas:

I. Calcular o *quociente eleitoral* (obtido por meio da divisão do *número de votos válidos* pelo *número de cargos/vagas* em disputa): no caso, dividindo-se 700 por 7, o quociente seria 100.

II. Calcular a proporção entre o total de votos do partido e o quociente eleitoral: no caso: o partido I superou três vezes o quociente; os partidos II e IV empataram, cada um, com o quociente; o partido III superou duas vezes o quociente.

Teoria geral do Estado | 143

III. Atribuir a cada partido um número de cargos conforme a proporção acima: no caso, seriam três cargos para o partido I, um cargo para o partido II, dois cargos para o partido III e um cargo para o partido IV.

IV. Atribuir os cargos aos candidatos mais votados em seus respectivos partidos respeitando o limite de cargos que obtiveram: no caso do partido I, os três mais votados são o candidato Aa com 90 votos, o Bb com 80 votos e o Cc com 70 votos; no caso do partido II, o mais votado é o candidato Ee com 40 votos; no caso do partido III os mais votados são os candidatos Ii com 150 votos e o Jj com 25 votos; no caso do partido IV o mais votado é o candidato Mm com 29 votos.

Assim, com base no exemplo apontado acima teríamos os seguintes candidatos eleitos:

	Cargos	Candidatos eleitos e respectivos votos						
Eleitos	7	Nome	Votos	Nome	Votos	Nome	Votos	Nome	Votos
Partido I	3	Aa	90	Bb	80	Cc	70		
Partido II	1	Ee	40						
Partido III	2	Ii	150	Jj	25				
Partido IV	1	Mm	29						

Conforme se nota, esse sistema procura valorizar a representação partidária, não pessoal, por isso, não são escolhidos simplesmente os candidatos mais votados. Ao mesmo tempo, o sistema permite que candidatos com menos votos que outros, ou mesmo com poucos votos, ocupem cargos, bastando para isso que o quociente eleitoral do partido seja elevado, o que pode ocorrer se um dos vários candidatos for bem votado ou se a soma dos votos de todos os candidatos de um partido for substancial.

O sistema proporcional com base no quociente eleitoral é criticado porque não respeitaria perfeitamente a escolha pessoal dos eleitores. Isso produziria uma espécie de distorção no resultado final, pois candidatos com mais votos podem perder para outros com menos.

A distorção mencionada pode ser vista no exemplo acima, o candidato Jj, com 25 votos, obteve o cargo, enquanto outros com mais votos – Dd com 60, Ff com 30 – não foram eleitos. Em suma, candidatos com mais votos não ganham a disputa necessariamente.

No entanto, caso não houvesse o quociente eleitoral, na realidade, haveria outra espécie de distorção, pois partidos que somaram expressivo número de votos ficariam sem representação, gerando uma representação desproporcional dos partidos no Poder Legislativo.

Essa segunda distorção pode se extraída do exemplo acima. Caso não fosse adotado o quociente eleitoral, teríamos o seguinte:

Os sete candidatos mais votados seriam Ii (150 votos), Aa (90 votos), Bb (80 votos), Cc (70 votos), Dd (60 votos), Ee (40 votos) e Ff (30 votos).

Os candidatos Mm (29 votos) e Jj (25 votos), por consequências, não seriam eleitos, pois teriam tido um número de votos menor que os candidatos acima.

Logo, o partido I com 300 votos teria ficado com quatro cargos, o partido II com 100 votos teria ficado com dois cargos, o partido III com 200 votos teria um cargo, e o partido IV com 100 votos não teria nenhum cargo. Em síntese, teríamos o seguinte:

	Total de votos	Candidatos vitoriosos caso não houvesse quociente eleitoral							
Votos válidos	700	Nome	Votos	Nome	Votos	Nome	Votos	Nome	Votos
Partido I	300	Aa	90	Bb	80	Cc	70	Dd	60
Partido II	100	Ee	40	Ff	30		(20)		(10)
Partido III	200	Ii	150		(25)		(15)		(10)
Partido IV	100		(29)		(28)		(27)		(16)

Conclusão, é possível observar duas distorções: em primeiro lugar, o partido II, teria mais cargos que o partido III (2 cargos contra 1), mesmo tendo recebido menos votos que o partido III (100 votos contra 200); em segundo lugar, o partido II ficaria com dois cargos e o partido IV ficaria sem nenhum, mesmo tendo empatado no número de votos (100).

Por fim, observa-se que o sistema em questão valoriza os partidos e há propostas para fortalecê-los ainda mais adotando-se o sistema de *lista fechada*. Nesse sistema o próprio partido já determina previamente qual a ordem em que os candidatos assumirão o cargo. Os eleitores, portanto, deixam de votar em candidatos e votam apenas nos partidos. No Brasil adota-se o sistema de *lista aberta*, o eleitor pode votar no partido ou na legenda, e a ordem de assunção do cargo corresponde aos dos mais votados no partido (ou coligação).

c) Sistema de eleição distrital

O sistema eleitoral distrital – ou de voto distrital – muda o sistema acima descrito. Ele é utilizado para eleição dos membros do Poder Legislativo. Há uma divisão do território em distritos e cada eleitor somente pode votar nos candidatos de cada distrito. Argumenta-se que assim os representantes políticos teriam maior proximidade com seus eleitores, pois necessariamente foram eleitos por um distrito respectivo.

O sistema distrital não descaracteriza um aspecto do sistema proporcional, a diversidade de representantes, afinal, mesmo com eleições distritais há uma representação múltipla, pois dificilmente um partido terá hegemonia em todos os distritos. Contudo, a vitória dependerá da variação da força partidária em cada distrito. Como o sistema altera significativamente a distribuição do poder no Estado, surgem diversas críticas, argumentando-se que o sistema distrital:

I.   *Dificulta a representação de minorias* ou de ideias, pois não há possibilidade de um candidato colher votos de forma dispersa em diversas localidades.

II. *Aumenta o poder das oligarquias locais*, uma vez que em cada distrito seriam eleitos os que possuem mais poder, impedido que alguém aglutine poder oriundo de vários locais.

III. *Estimula a lógica do "particularismo" e do "clientelismo"*, ou seja, a troca de favores entre o eleito e seus eleitores locais, em detrimento de ações voltadas para o todo social.

IV. *Não garante legitimidade*, pois apenas a proximidade física de eleitores e representantes políticos seria insuficiente para garantir um respeito à vontade popular (se o voto distrital fosse por si só suficiente, os pequenos municípios teriam os governos mais próximos do interesse público).

Como forma de conciliar o voto distrital com o sistema proporcional tradicional, sem distritos, há os que defendem o voto distrital misto: parte do legislativo eleito pelo sistema proporcional tradicional, parte pelo sistema distrital.

Teoria geral do Estado | 147

4.7. Sufrágio

A existência de um sistema eleitoral pressupõe que os cidadãos elejam seus representantes políticos. Portanto, a democracia representativa depende do exercício do sufrágio (voto). É importante ressalvar que este direito não existe apenas para eleger representantes, com também para a decisão por meio de alguns dos instrumentos da democracia semidireta (plebiscito e o referendo). O Pacto Internacional dos Direitos Civis e Políticos,[5] adotado pelo Brasil, dispõe a respeito do sufrágio em seu artigo 25 da seguinte maneira:

> Todos os cidadãos gozarão [...] sem restrições indevidas, dos seguintes direitos e oportunidades:
> a) Participar na direção dos assuntos públicos, quer diretamente, quer por intermédio de representantes livremente eleitos;
> b) Votar e ser eleito em eleições periódicas, autênticas, realizadas por sufrágio universal, por voto secreto que garanta a livre expressão da vontade dos eleitores;
> c) Ter acesso, em condições gerais de igualdade, às funções públicas do seu país.

O Tratado Internacional abrange três aspectos ligados ao sufrágio: (i) a universalidade do direito; (ii) o direito de votar e de ser votado; (iii) o exercício periódico e secreto.

Inicialmente, deve ser feita uma distinção entre sufrágio universal e sufrágio restrito. A existência do sufrágio universal não implica o direito de todos os cidadãos votarem, mas sim, na existência de limitações que sejam consideradas razoáveis – o Pacto Internacional dos Direitos Civis e Políticos rejeita "restrições indevidas". Atualmente, entende-se que algumas

---

5 Pacto Internacional sobre Direitos Civis e Políticos foi adotado pela XXI Sessão da Assembleia Geral das Nações Unidas, em 16 de dezembro de 1966. Em vigência no Brasil desde 07 de julho de 1992. Disponível em: <http://www.planalto.gov.br/ccivil_03/decreto/1990-1994/D0592.htm>. Acesso em: 01 nov. 2013.

limitações não implicam uma negação do sufrágio universal. São elas:

I. Cidadania ("nacionalidade"): exige-se que o eleitor seja cidadão do Estado no qual pretende votar, ou seja, que possua um vínculo jurídico permanente com o ente estatal (comumente a exigência utiliza a expressão "ter nacionalidade X", ainda que *nacionalidade* e *cidadania* sejam conceitos diferentes, conforme vimos anteriormente). Há países que permitem que estrangeiros possam votar em eleições regionais ou até nacionais,[6] desde que observadas determinadas condições, sendo o mais comum exigir: (i) um período de residência mínima no país em que pretende exercer o voto, o que demonstraria certo vínculo do estrangeiro com a comunidade local; (ii) Existência de reciprocidade entre Estados (neste caso, o cidadão de um país "A" tem direito a votar em um país "B" caso este país "A" reconheça direitos políticos equivalentes aos cidadãos oriundos do país "B").

II. Idade: fixação de idade mínima a partir da qual se entende que o cidadão tem discernimento suficiente para votar. No Brasil, podem votar facultativamente os cidadãos a partir dos 16 anos e obrigatoriamente a partir dos 18 anos.

---

6   Portugal reconhece aos estrangeiros o direito de votar e ser votado em eleições locais estabelecendo com condição a residência mínima no território de três anos e a existência de reciprocidade (Art. 15, inciso 4 da Constituição da República Portuguesa), ademais, aos estrangeiros oriundos de Estados de língua portuguesa – caso do Brasil – dispensa tempo mínimo de residência permanente no país e amplia o direito para eleições nacionais (com ressalvas, conforme Art. 15, inciso 3 do mesmo diploma legal); o Chile reconhece direito de votar em eleições locais e nacionais após cinco anos de residência no país (Art. 14 da Constituição Política da República do Chile); o Uruguai, desde a Constituição de 1952, reconhece em seu artigo 78 direito de voto em eleições nacionais a quem reside há mais de quinze anos no país e que tenha "boa conduta, com família na República" e seja possuidor de "algum capital em giro ou propriedade no país" ou esteja "professando alguma ciência, arte ou indústria"; a Venezuela, por fim, reconhece direito ao voto ao estrangeiro, restringindo-o às eleições locais e estaduais e condicionando à residência mínima de dez anos no país (Art. 64 da Constituição da República Bolivariana da Venezuela).

Teoria geral do Estado | 149

III. Condição física ou mental incapacitante: ainda que o cidadão cumpra o requisito etário, em alguns casos sua condição mental não lhe confere discernimento suficiente para votar, razão pela qual fica cerceado de seu direito enquanto tal situação perdurar. A incapacidade física extrema também é um impeditivo comumente aceito, quando gera um ônus excessivo ou quando inviabiliza a manifestação de vontade do paciente (por exemplo, um sujeito incapacitado de qualquer movimento, ainda que mentalmente saudável). O Brasil adota este critério.

IV. Condenação criminal transitada em julgado: hipótese do cidadão que foi condenado criminalmente com decisão transitada em julgado (para qual não cabe mais recurso). No Brasil, a restrição vale não apenas durante o cumprimento da pena em regime fechado, mas enquanto durar os efeitos da condenação (o que ocorre durante o cumprimento em regime semiaberto ou aberto). Este critério é contestado por aqueles que entendem que a prática de crimes comuns (não políticos), não pode implicar o cerceamento de seus direitos políticos. O Brasil adota este critério.

V. Cumprimento de serviço militar: durante o cumprimento de serviço militar alguns Estados restringem o direito de voto, sob o argumento de que as forças armadas devem manter sua unidade e o exercício do direito ao voto dos militares pode acirrar conflitos políticos internos, desagregando a corporação. Por essa razão, as restrições podem recair apenas sobre as patentes inferiores a dos oficiais de carreira. No Brasil, a restrição de voto é apenas válida para os conscritos, aqueles que estão no cumprimento do serviço militar obrigatório, que também não podem ser candidatos. Já os militares inativos podem ser candidatos normalmente e militares na ativa têm a candidatura condicionada a certos requisitos especiais.

VI. Grau de instrução: trata-se da restrição do sufrágio aos analfabetos, que por não saberem ler e escrever, não estariam autorizados a tomar decisões políticas. Trata-se de um critério bastante polêmico, pois argumenta-se que o grau de instrução não significa falta de discernimento político. Além disso, tal restrição implicaria um governo aristocrático, no qual apenas os que receberam instrução formal teriam poderes para decidir diretamente as políticas do Estado (inclusive com relação à educação dos demais cidadãos). A inelegibilidade dos analfabetos é menos controversa, pois saber ler e escrever seria indispensável para o exercício de mandato. No Brasil, atualmente, os analfabetos podem votar, mas não podem ser candidatos.

Historicamente, a criação do Estado de Direito, da República e dos regimes considerados democráticos não implicaram a existência do sufrágio universal. Havia o sufrágio restrito, segundo o qual se adotavam critérios de: (i) gênero (restrição às mulheres); (ii) raça (restrição aos negros); (iii) renda e propriedade (restrição aos trabalhadores). No caso do critério renda, alguns países, inclusive o Brasil durante o Império, adotavam o voto censitário: o valor do voto era proporcional à condição econômica do eleitor.

Os pensadores liberais tradicionalmente defendiam o voto censitário baseado na ideia de que o Estado tinha como função principal defender a propriedade, portanto, somente a burguesia deveria votar ou então seu voto deveria ter maior valor. Mulheres e negros eram tidos como incapazes de discernir e, portanto, de votar. Foram necessários séculos de lutas, inclusive violentas, para que o direito de voto fosse reconhecido a tais grupos. Na França, os trabalhadores não tinham direito ao voto após a Revolução Francesa, afinal, a Declaração Universal de Direitos do Homem e do Cidadão, como o próprio nome já indica, determinava que os *direitos políticos* não eram para todos, apenas os *direitos civis*, concernentes à esfera econômica. Nos Estados Unidos, as mulheres somente conquistaram o pleno direito ao voto em 1920 e os negros somente em 1965. No Brasil, o voto de negros e mulheres, e o fim de todas as restrições de renda, somente apareceu na Constituição Federal de 1934. O movimento marxista teve um peso considerável em todas as lutas pelo sufrágio universal. Portanto, não se pode associar o pensamento republicano, tampouco liberal, aos ideais democráticos de sufrágio universal, pois trata-se de uma conquista decorrente da luta popular.

4.8. Elegibilidade e inelegibilidade

Em uma democracia representativa, não existem apenas condicionantes para votar, mas também para ser votado numa eleição. Portanto, para ser candidato a um cargo eletivo, o cidadão deve estar em conformidade com as determinações estabelecidas em lei. Neste caso, trata-se das *condições de elegibilidade*, ou seja, requisitos para se ter capacidade eleitoral passiva e assim disputar um cargo eleitoral.

Os requisitos comumente impostos pelo Estado são:

I. Cidadania (nacionalidade): ser cidadão do Estado no qual pretende concorrer ao cargo (há países que podem aceitar candidaturas de estrangeiros, contudo, isso não é aceito para o cargo de Presidente da República e fica condicionado a determinados requisitos, sobretudo, uma vinculação efetiva com o Estado no qual pretende ser candidato;

II. Pleno gozo dos direitos políticos: o candidato não pode estar sofrendo de alguma restrição em seus direitos políticos (isso ocorre, por exemplo, quando o cidadão está sob os efeitos de sentença penal condenatória transitada em julgado ou quando este possui condição mental o que o incapacita absolutamente para os atos da vida civil);

III. Alistamento eleitoral: consiste em realizar procedimento perante órgão eleitoral por meio do qual se o cidadão politicamente capaz formaliza a condição de detentor de direitos políticos;

IV. Domicílio eleitoral: o candidato deve estar domiciliado eleitoralmente na circunscrição que disputa (por exemplo, um candidato a Prefeito deve ter domicílio eleitoral no Município que pretende disputar);

V. Filiação partidária: o candidato deve estar filiado a um partido político (países que não preveem este requisito adotam o sistema de "candidaturas avulsas", ou seja, aceitam candidatos não filiados a partidos – não é o caso do Brasil);

VI. Idade mínima: candidato deve ter atingido ou superado a idade necessária para disputar determinado cargo (no Brasil, as idades mínimas são: trinta e cinco anos para Presidente e Vice-Presidente da República e Senador; trinta anos para Governador e Vice-Governador de Estado e do Distrito Federal; vinte e um anos para Deputado Federal, Deputado Estadual ou Distrital, Prefeito, Vice-Prefeito e juiz de paz; dezoito anos para Vereador).

A legislação do Estado pode ainda estabelecer hipóteses de *inelegibilidade*, ou seja, hipóteses em que falta a capacidade eleitoral passiva (o cidadão é não elegível). Comumente, tais casos encontram-se previstos, parcialmente, na legislação constitucional, mas principalmente na legislação infraconstitucional (como é o caso do Brasil). A *inelegibilidade* pode ser classificada em *absoluta* e *relativa*.

A inelegibilidade absoluta é aquela que implica o impedimento para disputa de *qualquer cargo eletivo*. As hipóteses mais comuns são: ser analfabeto, não saber se expressar no idioma nacional, ser inalistável eleitoralmente (inapto para se inscrever como eleitor, situação que ocorre quando não se está no pleno gozo dos direitos políticos). A suspensão de direitos políticos pode ocorrer, por exemplo, quando um cidadão estiver sob os efeitos de condenação criminal transitada em julgada, ou ainda, pode ser uma sanção decorrente da prática de ato de improbidade administrativa (atos praticados dolosamente contra a administração direta ou indireta do Estado, ou contra pessoas jurídicas ligadas ao Estado, que levam ao enriquecimento ilícito, causam prejuízo irreparável ao erário e violam os princípios da administração pública, como a legalidade, impessoalidade, publicidade, moralidade, eficiência etc.).

No Brasil, por meio da Lei Complementar nº 135 de 2010 (Lei da Ficha Limpa), que alterou a Lei Complementar nº 64 de 1990 (Lei que regula a inelegibilidade), foram estabelecidas as hipóteses de inelegibilidade. Por exemplo, para certos crimes não mais se exige que haja o trânsito em julgado de condenação criminal, sendo suficiente a condenação por órgão colegiado de Tribunal, o que comumente ocorre em grau de recurso em segunda instância.

A inelegibilidade relativa é aquela que implica o impedimento para disputa de *determinado cargo eletivo* em decorrência de determinadas condições. Neste caso, se pretende, essencialmente, evitar o abuso de poder político e/ou econômico. Basicamente existem duas motivações que levam à *inelegibilidade relativa*: o exercício de certo cargo ou função; a existência de casamento, parentesco ou afinidade.

Com relação aos cargos e funções, trata-se de uma restrição ligada ao exercício de determinadas atividades na esfera pública ou privada. O candidato, nesta hipótese, deve se *descompatibilizar* do cargo ou função que exercer conforme o prazo determinado pela legislação. Esse afastamento serve para limitar (ou diminuir) a influência do poder econômico e/ou do político que o candidato teria caso se mantivesse exercendo as mesmas atividades anteriores à descompatibilização. Um exemplo é a exigência de que Presidentes da República, Governadores de Estado ou Prefeitos de Município renunciem a seus mandatos caso desejam concorrer a outros cargos eletivos como o de Senador. Exigência semelhante pode ser feita quando os candidatos são Ministros de Estado, Secretários Municipais, presidentes de entidades representativas de classe que recebam contribuições impostas pelo poder Público etc. Cada Estado cria regras próprias a respeito da descompatibilização, inclusive no caso de candidaturas à reeleição, sendo possível não exigir especificamente a renúncia de cargo, mas apenas abstenção da prática de determinados atos enquanto se estiver no período de disputa à reeleição.

Situação semelhante ocorre com relação aos militares. Caso não haja proibição absoluta a candidaturas, são criadas regras sobre o tema, sendo comum exigir tempo mínimo de cumprimento de serviço para a candidatura e, na hipótese de ser eleito, a sua transferência para inatividade, a fim de se evitar a concentração de poderes e de influência da esfera militar na esfera civil.

Por fim, no que se refere à questão *inelegibilidade relativa* por casamento, parentesco ou afinidade, os princípios do republicanismo orientam a criação de regras para impedir que cônjuges, parentes consanguíneos ou por afinidade próximos dos candidatos possam ser sucessores daquele que está exercendo um mandato eleitoral. Com isso, evita-se que haja uma continuidade hereditária de governantes e/ou o domínio político por uma família e seus eventuais agregados. Trata-se de uma precaução que evita, por exemplo, a figura do "prefeito itinerante", que alterna sucessivamente com seus parentes a condição de prefeito em municípios localizados em determinada região, de modo a garantir sua permanência como prefeito em um deles.

Indicações de leitura:

BONAVIDES, Paulo. *Ciência política*. 22. ed. São Paulo: Malheiros, 2015.

BRAGA, Claudio Mendonça. Partidos políticos e federação. São Paulo: Verbatim, 2012.

COMPARATO, Fábio Konder. *A oligarquia brasileira*: visão histórica. São Paulo: ContraCorrente, 2017.

5

ESTADO NA ORDEM INTERNACIONAL

Conforme vimos no início do livro, uma Teoria Geral do Estado pressupõe a coexistência de diversos Estados, pois seu objeto procura examinar o que existe de comum entre todos. Os Estados não existem isolados uns dos outros, pelo contrário, sempre possuem algum nível de relação, razão pela qual a Teoria Geral do Estado examina também a coexistência entre Estado, ou seja, as relações internacionais e interestatais (entre Estados) existentes.

Neste capítulo, mostraremos que a relação dos Estados também é mediada por uma forma política e jurídica, portanto, existe uma ordem internacional para além do ordenamento nacional (interno). Para se compreender isso e a lógica das relações interestatais, iniciaremos explicando o conceito de "globalização". Considerando que um mundo cada vez mais "globalizado" envolve um progressivo fortalecimento das normas jurídicas e de agentes políticos globais, explicaremos os conceitos de direito internacional e das organizações internacionais e as principais questões relativas a cada um destes temas. Por fim,

158 | Camilo Onoda Caldas

explicaremos como todos esses temas estão interligados entre si e são úteis para compreendermos as mudanças ocorridas no capitalismo nas últimas décadas e as tendências tecnocráticas do Estado no século XXI.

5.1. Globalização e relações interestatais

"Globalização" tornou-se uma expressão de uso corrente na atualidade, inclusive no âmbito do direito e da Teoria Geral do Estado, pois trata de um fenômeno com importantes consequências para as relações interestatais e internacionais. Podemos conceituar globalização como *fenômeno social de aprofundamento da interligação e integração cultural, política e, sobretudo, econômica entre povos, Estados e demais atores sociais.*

O termo "globalização" passou a ser utilizado na atual acepção a partir da década de 1980, momento no qual esse processo social claramente se acelera. Seguramente, é possível afirmar que desde a Idade Antiga existem movimentos para interligar e, eventualmente, integrar culturas, sociedades políticas e economias. Contudo, com o advento do capitalismo, esse movimento se intensifica e adquire dimensões estruturais, desvinculando-se de uma simples pretensão pessoal de poder de um governante ou de um povo. Portanto, ainda que se possa falar que há um movimento globalizante antes da economia capitalista, não há dúvida que com que este modo de produção o quadro se altera significativamente.

No contexto de expansão dos Estados e de desenvolvimento da economia capitalista surge outra expressão importante para se compreender o ambiente das relações interestatais: imperialismo. Norberto Bobbio define imperialismo como: "expansão violenta por parte dos Estados, ou de sistemas políticos análogos, da área territorial da sua influência ou poder direto, e formas de exploração econômica em prejuízo dos Estados ou povos subjugados, geralmente conexas com tais fenômenos".[1] Ações imperialistas se materializam na intervenção direta ou indireta de Estados sobre outros e caracterizam a realidade do século XX, sendo o mais comum que os países do centro do capitalismo realizem tais práticas em relação aos países da periferia econômica.

Para compreender a mudança qualitativa dos movimentos de integração e interligação mundial ocorrida a partir do capitalismo, é preciso relembrar que este modo de produção se caracteriza pelo processo contínuo de acumulação de capital, o que demanda, para evitar ou mitigar crises, a expansão permanente da produção, circulação e consumo de mercadorias, razão pela qual se forma um mercado global, leia-se, o mais extenso possível. A globalização (e ações imperialistas), portanto, torna-se uma necessidade objetiva para reprodução do sistema capitalista.

Nas últimas décadas, sem dúvida, o movimento globalizante se intensifica, tornando-o mais notório. Neste período, no entanto, tal expansão não enseja o mesmo nível ações militares existentes em períodos anteriores, o que conduz a outros mecanismos para que um Estado (ou bloco de Estados) exerça o domínio e o controle sobre outros. A terminologia utilizada para descrever esse período histórico afirma que partir da década de 1980, o *regime de acumulação* denominado *fordista* (baseado no aumento progressivo da produtividade e do consumo) entra em crise, levando a um regime de acumulação "flexível", o *pós-fordista* e, consequentemente, a alterações no *modo de regulação* (estrutura político-jurídico e ideológica) da economia.

No período pós-fordista, o desenvolvimento de tecnologias no campo da comunicação, transporte e informática contribui

---

1 PISTONE, Sergio. Imperialismo. In: BOBBIO, Norberto, MATTEUCCI, Nicola e PASQUINO, Gianfranco. *Dicionário de Política*. 11. ed. São Paulo: Editora UNB - Imprensa Oficial, 1998, p. 612.

para o processo de interligação e integração das diversas localidades mundiais, facilitando o fluxo de informações, pessoas, capitais, serviços e mercadorias e contribuindo para difusão de valores e padrões culturais. Sendo assim, o avanço tecnológico torna-se instrumento que possibilita aprofundar e acelerar o movimento acima descrito. Podemos destacar, inicialmente, as seguintes mudanças ocorridas a partir de 1980:

I. No plano econômico: aumento do fluxo de capitais, mercadorias, serviços e pessoas (este último de forma mais limitada por questões nacionalistas); domínio das grandes corporações, especialmente aquelas ligadas a sistema bancário e de mercado de capitais; maior concorrência entre empresas e trabalhadores; transformação das economias nacionais a partir da crescente presença de empresas transacionais; aumento da desigualdade de renda em nível global; deslocamento geográfico de plantas industriais e dos locais fornecedores de prestadores de serviços (inclusive por meio do teletrabalho internacional) para países considerados emergentes (com menor custo de mão de obra e nos quais as condições de trabalho são mais precárias); aumento do setor de serviços com destaque para aqueles ligados a inovação tecnológica; expansão e surgimento de novas formas de organização do trabalho, como a terceirização, quarteirização, "pejotização" (utilização de pessoas jurídicas prestadoras de serviço substituindo as relações com vínculo empregatício) e outros modelos de trabalho informal e "flexível".

II. No plano cultural: difusão da cultura ocidental em tensão com movimentos identitários e de valorização do multiculturalismo; padronização das aspirações de consumo em nível global; criação de redes de comunicação por meio da internet; expansão da ideologia neoliberal, baseada, num lado, na crítica do Estado como agente capaz de induzir e promover o bem-estar social e, de outro, na exaltação do empreendedorismo individual (movimento que colaborou para descrença e apatia na política, para a crise da democracia representativa e para decadência dos movimentos de organização social, especialmente sindicatos de trabalhadores).

III. No plano político: aumento do controle e fiscalização política internacional em tensão com pretensões de autodeterminação e soberania por parte de nações e Estados; ingerência e domínio de entidades públicas e privadas ligadas ao setor econômico (FMI, Banco Mundial, agências de classificação de risco, instituições financeiras privadas etc.) na administração dos Estados, sobretudo, nas políticas macroeconômicas; formação de blocos políticos e econômicos composto por múltiplos Estados; fortalecimento do papel e da eficácia das organizações internacionais.

Quanto ao campo jurídico, devemos notar que as mudanças de um *regime de acumulação* fordista para um pós-fordista, implicaram em um novo *modo de regulação*, o que inclui transformações no campo jurídico. Tais alterações vão ocorrendo a partir da pressão para que sejam criadas determinadas normas de direito interno ou para que sejam adotadas as normas de direito internacional. Tal movimento é oriundo de outros Estados, organizações internacionais e agentes ligados direta ou indiretamente aos grupos capitalistas, que atuam, inclusive, por meio das instituições estatais, internacionais ou mesmo diretamente.

De modo resumido, para fins didáticos, podemos organizar as consequências jurídicas da "globalização" nas últimas décadas em dois blocos.

Primeiro, destacamos as alterações mais estruturantes que afetam o campo do direito do trabalho, administrativo, financeiro, econômico e tributário. Sendo assim, destacamos um conjunto de tendências – decorrente da pressão acima descrita – que tem levado a alterações legislativas voltadas a: (i) reduzir direitos trabalhistas e sociais (entendidos como simples "custo" e não medida de proteção social); (ii) desregulamentar o fluxo internacional de capitais com o consequente aumento de tensão entre os que pretendem criar formas de taxação global e nacional e os que advogam pela diminuição de tributação para os ganhos do capital financeiro; (iii) aumentar privatizações e concessões na tradicional estrutura estatal como forma de ampliar os espaços de investimento do capital e trazer a lógica de mercado para todos os espaços da vida social; (iv) criar limitações ao gasto público (congelando investimentos na área social ou realizando cortes no campo do direito previdenciário, de assistência social etc.) a fim de garantir receitas para pagamento de juros a credores internacionais (cumprimento de metas de *superávit* primário); (v) impor sanções para as práticas prejudiciais ao ambiente concorrencial e criar aberturas para a maior participação de empresas transnacionais nas economias locais.

Em segundo lugar, podemos notar efeitos jurídicos em outros ramos do direito, dentre os quais: (i) *direitos humanos:* crescimento da legislação internacional e da atuação dos Tribunais Internacionais; (ii) *direito autoral e de propriedade intelectual:* aprimoramento de regras e instrumentos internacionais voltadas a proteger marcas e patentes, especialmente as ligadas a novas tecnologias, garantido o pagamento de *royalties* e outras formas de remuneração por tais tipos de propriedade; (iii) *direito de imigrantes:* normas jurídicas voltadas a garantir a proteção social e direitos políticos destes grupos; (iv) *direito ambiental:* aumento da legislação de proteção ambiental e de políticas internacionais voltadas ao cumprimento de metas para garantir desenvolvimento sustentável.

Por fim, ainda no campo jurídico, em um contexto de crescente "globalização", existem impactos significativos não apenas no direito interno dos Estados, como também na relevância do *direito internacional* e das *organizações internacionais*, temas que serão explicados nos subcapítulos a seguir.

5.2. Estado e direito internacional

O direito internacional público é o *conjunto de normas e princípios que regulam e orientam as relações entre atores internacionais*. No ambiente internacional os Estados se relacionam com outros Estados e com organismos internacionais. O direito internacional público não se confunde com o *direito internacional privado* que *regula as relações entre sujeitos privados conectados internacionalmente e existe essencialmente para resolver conflito de leis no espaço*. A seguir explicaremos em maiores detalhes o direito internacional público.

Quanto às fontes do direito internacional público, o Estatuto da Corte Internacional de Justiça – criada por ocasião da assinatura da carta das Nações Unidas que deu origem à ONU em 1945 – considera que são: *os tratados internacionais expressamente reconhecidos pelos Estados, o costume internacional, os princípios gerais de direito reconhecidos pelas nações ditas "civilizadas", a doutrina e a jurisprudência.*

Os tratados internacionais, por sua vez, têm definição estabelecida pela Convenção de Viena de 1969 (ratificada pelo Brasil): "tratado significa acordo internacional concluído por escrito entre Estados e regido pelo direito internacional, quer conste de um instrumento único, quer de dois ou mais instrumentos conexos, qualquer que seja sua denominação específica" (Artigo 2º).

Conforme explicitado no conceito acima, os tratados podem ser bilaterais ou multilaterais e possuem denominações diversas. "Tratado", portanto, é colocado como um gênero e as demais denominações como espécies. O quadro abaixo explica algumas das denominações existentes, além de outras que existem ou podem ser criadas.

Tipologia dos atos internacionais*

"Convenção: num nível similar de formalidade [ao dos Tratados], costuma ser empregado o termo Convenção para designar atos multilaterais, oriundos de conferências internacionais e versem assunto de interesse geral, como por exemplo, as convenções de Viena sobre relações diplomáticas, relações consulares e direito dos tratados; as convenções sobre aviação civil, sobre segurança no mar, sobre questões trabalhistas. É um tipo de instrumento internacional destinado em geral a estabelecer normas para o comportamento dos Estados em uma gama cada vez mais ampla de setores. No entanto, existem algumas, poucas é verdade, Convenções bilaterais, como a Convenção destinada a evitar a dupla tributação e prevenir a evasão fiscal celebrada com a Argentina (1980) e a Convenção sobre Assistência Judiciária Gratuita celebrada com a Bélgica (1955)".

"Acordo: o Brasil tem feito amplo uso desse termo em suas negociações bilaterais de natureza política, econômica, comercial, cultural, científica e técnica. Acordo é expressão de uso livre e de alta incidência na prática internacional, embora alguns juristas entendam por acordo os atos internacionais com reduzido número de participantes e importância

---

* BRASIL, Divisão de Atos Internacionais (DAI); Ministério das Relações Exteriores - MRE. Disponível em: <http://www.mma.gov.br/informma/item/871-denominacao-dos-atos-internacionais>. Acesso em: 08 dez. 2017.

relativa. No entanto, um dos mais notórios e importantes tratados multilaterais foi assim denominado: Acordo Geral de Tarifas e Comércio (GATT). [...] Acordos podem ser firmados, ainda, entre um país e uma organização internacional, a exemplo dos acordos operacionais para a execução de programas de cooperação e os acordos de sede".

"Protocolo: é um termo que tem sido usado nas mais diversas acepções, tanto para acordos bilaterais quanto para multilaterais. Aparece designando acordos menos formais que os tratados, ou acordos complementares ou interpretativos de tratados ou convenções anteriores. É utilizado ainda para designar a ata final de uma conferência internacional. Tem sido usado, na prática diplomática brasileira, muitas vezes sob a forma de "protocolo de intenções", para sinalizar um início de compromisso".

"Memorando de Entendimento: tem sido utilizado para atos de forma bastante simplificada, destinados a registrar princípios gerais que orientarão as relações entre as Partes, seja nos planos político, econômico, cultural ou em outros. O memorando de entendimento é semelhante ao acordo, com exceção do articulado, que deve ser substituído por parágrafos numerados com algarismos arábicos. Seu fecho é simplificado e normalmente entra em vigor na data da assinatura".

"Convênio: [...] seu uso está relacionado a matérias sobre cooperação multilateral de natureza econômica, comercial, cultural, jurídica, científica e técnica, como o Convênio Internacional do Café; o Convênio de Integração Cinematográfica Ibero-Americana; o Convênio Interamericano sobre Permissão Internacional de Radioamador. Também se denominam "convênios" acertos bilaterais, como o Convênio de Cooperação Educativa, celebrado com a Argentina (1997); o

> Convênio para a Preservação, Conservação e Fiscalização de Recursos Naturais nas Áreas de Fronteira, celebrado com a Bolívia (1980) [...]".

Existem centenas de tratados internacionais relevantes, além dos que foram mencionados anteriormente, com especial destaque para: Convenção de Direito Internacional Privado – Código de Bustamante (1928); Convenção para Prevenção e a Repressão do crime de genocídio (1948); Declaração Universal dos Direitos Humanos (1948); Tratado da Antártida (1959); Convenção Internacional sobre Eliminação de todas as formas de Discriminação Racial (1965); Pacto Internacional sobre Direitos Civis e Políticos (1966); Tratado sobre Princípios Reguladores das Atividades dos Estados e na Exploração e Uso do espaço cósmico, inclusive a lua e demais corpos celestes (1967); Tratado sobre a Não Proliferação de Armas Nucleares (1968); Convenção Americana sobre Direitos Humanos (1969) – Pacto de San José da Costa Rica; Convenção Internacional sobre Eliminação de todas as formas de Discriminação contra a Mulher (1979); Convenção das Nações Unidas sobre o Direito do Mar (1982); Convenção contra a tortura e outros Tratamentos ou Penas cruéis, desumanas ou degradantes (1984); Convenção sobre os Direitos das Crianças (1989); Tratado para constituição de um Mercado Comum entre a República Argentina, a República Federativa do Brasil, a República do Paraguai e a República Oriental do Uruguai – Tratado de Assunção (1991); Declaração do Rio de Janeiro sobre Meio Ambiente e Desenvolvimento (1992); Protocolo de Quioto à Convenção-Quadro das Nações Unidas sobre Mudanças do Clima (1997); Estatuto de Roma do Tribunal Penal Internacional (1998); Convenção das Nações Unidas contra o Crime Organizado Transnacional (2000).

Um tratado internacional passa integrar o ordenamento jurídico interno de um Estado após um conjunto de formalidades

Teoria geral do Estado | 167

encadeadas em etapas. Esse processo é denominado internação, internalização, incorporação ou recepção de tratados internacionais. Em que pese cada Estado ter uma regulação específica para isso, de modo simplificado, podemos resumir esse processo nas seguintes etapas: (i) negociação (as partes procuram chegar um consenso a respeito do conteúdo do tratado); (ii) assinatura (pelo Chefe de Estado, no caso do Brasil, o Presidente da República); (iii) ratificação (pelo Poder Legislativo, no caso do Brasil, o Congresso Nacional); (iv) promulgação (ato que declara a existência de uma norma jurídica e ordena sua execução); (v) publicação (no diário oficial). Uma vez concluída as etapas, as normas de direito internacional podem ser aplicadas e invocadas do mesmo modo como ocorre com o direito interno. Neste ponto, uma das problemáticas existentes, é determinar o nível hierárquico do direito oriundo dos tratados internacionais em relação ao direito interno do Estado, a fim de estabelecer quais prevalecem caso haja antinomias jurídicas (conflito entre normas).

Os Tribunais Internacionais e Organizações Internacionais, por sua vez, estão incumbidos de exercer a solução de litígios e controvérsias no nível internacional. Há uma tendência para pressionar os Estados a respeitar as decisões oriundas destas entidades. As sentenças internacionais e demais espécies de decisão podem produzir efeitos nos Estados contanto que haja previsão interna para lhes dar eficácia internamente (o Brasil possui normas voltadas ao cumprimento de decisões oriundas de Tribunais Internacionais). Caso o Estado não colabore neste sentido, podem estar previstas sanções internacionais, tema que será explicado ao final do próximo subcapítulo.

5.3. Organizações internacionais

Conforme mencionamos anteriormente, entre os atores no cenário internacional, destacam-se as "organizações internacionais", também denominadas "organismos internacionais", que podem ser definidas como *pessoa jurídica de direito internacional público, criada por meio de tratado internacional, com a finalidade de exercer atividade intragovernamental*. Após a Segunda Guerra Mundial passaram a ter uma crescente importância no cenário das relações internacionais.

Diversas organizações internacionais se destacam na atualidade e seus objetivos podem ter maior ou menor abrangência, incluindo desde a hegemonia política e militar no globo, como também questões específicas (direitos humanos, saúde, educação, trabalho, criança e adolescente, comércio internacional etc.).

Exemplos de organizações internacionais

ONU (Organização das Nações Unidas): tem como principal objetivo manter a paz e a segurança internacionais e foi criada em 1945 após a Segunda Guerra Mundial. Seu principal núcleo político, o Conselho de Segurança, tem como membros permanentes os Estados vencedores daquele conflito: Estados Unidos, União Soviética (atualmente Rússia), China, Reino Unido e França.

UNESCO (Organização das Nações Unidas para educação, ciência e cultura): agência especializada do Sistema da ONU, criada em 1945 pela Conferência de Londres com objetivo de contribuir atuar no desenvolvimento da paz através da educação, da ciência e da cultura.

OIT (Organização Internacional do Trabalho): fundada em 1919, tornou-se uma agência da ONU. É composta atualmente por 183 Estados-Membros e tem por finalidade promover emprego de qualidade, ampliar a proteção social, fortalecer o diálogo social e preservar as normas de direito internacional do trabalho.

OCDE (Organização para a Cooperação e o Desenvolvimento Econômico): foi criada em 1961 sucedendo a *Organização Europeia para a Cooperação Econômica*, criada em 1948, no quadro do Plano Marshall, desenvolvido pelos Estados Unidos após a segunda Guerra Mundial com objetivo de promover a recuperação econômica na Europa e aumentar sua influência política no local contra a União Soviética. É composta por 34 membros, os Estados mais ricos e industrializados do mundo, além de mercados emergentes como México, Chile, Coreia do Sul e Turquia com objetivo de potencializar o crescimento econômico de seus membros.

OEA (Organização dos Estados Americanos): criada em 1948, com sede em Washington (EUA), é composta por 35 Estados do continente americano. Estabelece formalmente como objetivo fortalecer a cooperação entre seus membros e garantir a democracia, a paz e segurança no continente americano.

OTAN (Organização do Tratado do Atlântico Norte): aliança militar criada em 1949 no contexto Guerra Fria, período no qual um conjunto de países capitalistas (originalmente EUA, Reino Unido, Canadá, Bélgica, Dinamarca, França, Holanda, Islândia, Itália, Luxemburgo, Noruega e Portugal) organizaram um bloco contra os países socialistas (liderados pela União Soviética e organizados por meio do Pacto de Varsóvia). Posteriormente, a OTAN recebeu a adesão da Grécia e da Turquia (1952), da Alemanha (1955) e da Espanha (1982), dentre outros países, sendo que o após o término da Guerra Fria recebeu a adesão ex-membros do Pacto de Varsóvia. Estabelece o emprego de força armada, se necessário, para garantir ou restaurar a segurança na região do Atlântico Norte.

BIRD (Banco Internacional para Reconstrução e Desenvolvimento) e FMI (Fundo Monetário Internacional): o BIRD (conhecido como Banco Mundial) passou a integrar a ONU e é composto por 185 países-membros atualmente. Teve origem nos acordos de *Bretton Woods* em 1944, que tinha por finalidade inicial viabilizar a reconstrução da Ásia e Europa após a Segunda Guerra Mundial e manter a influência norte-americana no local. As instituições oferecem financiamentos mediante contrapartidas como alcançar metas macroeconômicas (controle da inflação, por exemplo), manter equilíbrio fiscal (mediante redução do gasto público e do investimento social), desregulamentar setores, privatizar empresas públicas e realizar reformas na administração pública, no Poder Judiciário e na legislação (por meio de reformas na área tributária, financeira, trabalhista, previdenciária etc.).

A Teoria geral do Estado classifica as organizações internacionais a partir de diversos critérios.

a. Quanto à sua *finalidade* (amplitude do objeto), podem ser classificadas como:

a.1. *Organizações com fins gerais:* como, por exemplo, a Organização das Nações Unidas (ONU) e a Organização dos Estados Americanos (OEA).

a.2. *Organizações com fins específicos* (econômico, militar, educacional etc.) como, por exemplo, o FMI (Fundo Monetário Internacional), a OTAN (Organização do Tratado do Atlântico Norte) ou a UNESCO (Organização das Nações Unidas para educação, ciência e cultura).

b. Quanto ao seu *âmbito* (amplitude geográfica), podem ser classificadas como:

Teoria geral do Estado | 171

b.1. *Organizações universais*: como, por exemplo, a Organização das Nações Unidas (ONU); o Fundo Monetário Internacional (FMI); a Organização Mundial do Comércio (OMC); a Organização Mundial de Saúde (OMS).

b.2. *Organizações regionais* que podem se concentrar em uma única região, como a União Europeia (UE) ou em diversas regiões como a OTAN (Organização do Tratado do Atlântico Norte) ou a Organização dos Países Exportadores de Petróleo (OPEP).

c. Quanto à sua *acessibilidade* (facilidade de ingresso), podem ser classificadas como:

c.1. *Organizações abertas*: possibilitam a entrada a todos os Estados, desde que observados os requisitos estabelecidos pela organização como, por exemplo, a Organização das Nações Unidas (ONU) ou a OIT (Organização Internacional do Trabalho).

c.2. *Organizações fechadas*: possuem mecanismos de controle político rígido (como é o caso da OTAN ou OCDE) ou requisitos que não possibilitam objetivamente a entrada de certos Estados, como é o caso da Organização dos Países Exportadores de Petróleo (OPEP).

Ainda que nosso objetivo não seja fazer uma avaliação crítica das organizações internacionais acima mencionadas, é preciso pontuar duas questões. Primeiro, notar que instituições como FMI e BIRD não são neutras ideologicamente (pelo contrário, alinham-se às políticas do capital internacional), ou que outras instituições como a OTAN, não querem simplesmente preservar a paz e segurança mundiais, mas atender aos interesses específicos de seus membros, sobretudo os mais poderosos militarmente, com destaque para os Estados Unidos. Em segundo lugar, destacamos a existência de profundas assimetrias entre as organizações, no interior delas e na relação delas para com

Estados. Por essa razão, determinados Estados são compelidos a agir de determinado modo e outros, mesmo quando violando o direito internacional, ficam incólumes e não sofrem qualquer consequência.

No plano internacional subsiste a ineficácia parcial das normas de direito internacional em função da ausência de um poder coercitivo superior capaz de fazer com que as violações de direito internacional sejam igualmente punidas. Neste caso, os países mais poderosos apenas sofrem a simples reprovação dos Estados e das organizações internacionais (quando elas ocorrem). Não obstante, existe um sistema crescente de sanções internacionais que podem ser aplicadas aos violadores do direito internacional.

As sanções internacionais podem ser de diversos tipos, impostas por um Estado (sanção unilateral) ou por vários Estados ou organizações internacionais (sanção multilateral). As mais comuns são:

a. Sanções diplomáticas: consistem na adoção de medidas por intermédio dos canais políticos e diplomáticos. Dentre as medidas destacamos: redução ou eliminação de laços diplomáticos; cancelamento ou limitação de visitas e compromisso governamentais; fechamento ou redução das atividades de embaixadas ou outras instituições de atuação diplomática sediadas no estrangeiro; retorno de agentes diplomáticos ao seu país de origem ou expulsão de missões ou representantes diplomáticos estrangeiros; endurecimento das regras e requisitos para concessão de vistos para entrada, passagem e permanência no Estado.

b. Sanções desportivas: considerando a crescente relevância das práticas esportivas na cultura mundial, tornou-se comum utilizar sanções voltadas para impedir que equipes ou esportistas de certa nacionalidade participem de eventos esportivos internacionais com forma de punir ou pressionar determinado Estado que é considerado infrator da legislação internacional.

c. Sanções econômicas: consistem em ações que visam afetar a economia do Estado considerado infrator das normas internacionais. Dentre as espécies de sanções destacamos: embargo econômico (imposição de restrições para o comércio de mercadorias e/ou para o fornecimento de prestação de serviço e de capital ao Estado infrator); criação de ônus adicionais para importação e exportação de mercadorias com o Estado infrator; bloqueio de contas bancárias ou de títulos no mercado financeiro de membros e instituições do Estado infrator porventura existentes no exterior.

d. Sanções militares: são realizadas contra o Estado considerado infrator das normas internacionais de modo indireto, por meio da restrição ao fornecimento de armas e suprimentos ao Estado estrangeiro, ou diretamente, por meio de ataques ou ocupação militar.

5.4. Tecnocracia, Estado e capitalismo global

Tecnocracia, no campo da Teoria Geral do Estado, pode ser definida como uma *forma de organização do governo na qual predominam decisões orientadas por um corpo de especialistas que são considerados detentores de conhecimento técnico-científico em áreas específicas.*

A defesa de governos tecnocráticos tem sido recorrente na atualidade sob o argumento de melhoria da gestão e da eficiência da máquina pública. Assim, na lógica tecnocrática, o predomínio do conhecimento técnico-científico levaria necessariamente a maiores benefícios possíveis dispendendo-se os menores custos necessários.

Ainda que o conhecimento técnico-científico seja indispensável, a concepção tecnocrática aplicada à política resulta em diversos problemas, dentre os quais destacamos dois: (i) esvaziamento do espaço político-democrático, uma vez que se as decisões mais adequadas sempre seriam aquelas oriundas dos detentores do saber, restaria apenas aos demais se submeterem ao corpo técnico-científico; (ii) adoção da concepção de neutralidade da ciência, ignorando que noções como verdade, melhor, mais saudável, mais eficiente etc. não são puramente objetivas, mas dependem de um conjunto de variáveis ético-filosóficas. Não se trata de negar a importância do conhecimento científico, mas de notar, como já apontava a Escola de Frankfurt, que o simples domínio da racionalidade técnico-científica não conduz necessariamente ao progresso da civilização (como acreditavam os pensadores iluministas e acreditam os tecnocratas). Pelo contrário, sob o domínio da razão, a humanidade pode encontrar seu pior destino, de modo que deve se distinguir a *razão instrumental* (voltada à exploração, à dominação, ao extermínio, à tortura, à morte etc.) da *razão crítica*, que se opõe a tudo isso. Nesse sentido, basta observar a história dos séculos XIX e XX, no qual tragédias humanas como o nazismo ou o colonialismo, vieram de nações com mais alto nível tecnológico e em nome do domínio da razão sobre povos considerados "atrasados".

No contexto do capitalismo contemporâneo, observa-se que a tecnocracia aparece, sobretudo, no campo da economia, como meio de justificar a inexorabilidade das decisões políticas que um Estado deve adotar. O surgimento de crises (políticas, econômicas, sociais, ambientais etc.), ao invés de servirem para problematização do capitalismo (sistema estruturado de um modo que as crises são inevitáveis), acabam se tornando apenas oportunidades para se reforçar a necessidade de governos tecnocráticos cujas soluções sempre afetam as camadas trabalhadoras e mais vulneráveis economicamente.

Não é difícil notar, por exemplo, que questões ligadas ao orçamento público, aos investimentos sociais, aos direitos previdenciários etc. são tratadas de um modo como se houvesse apenas uma resposta possível (sempre no sentido de reduzi-los). Sendo assim, cotidianamente se propaga a ideia de que o equilíbrio fiscal do Estado – a relação entre suas receitas e despesas – deve ser resolvida mediante os cortes de direitos sociais, pois seria logicamente impossível, do ponto vista econômico, que seus custos avançassem infinitamente.

Obviamente, existe um nível de verdade quando se afirma, por exemplo, que despesas não podem superar receitas, no entanto, outras questões mais óbvias passam ignoradas: a técnica de gestão pública atual somente faz algum sentido se admitirmos como necessário e inevitável um sistema econômico nos moldes do capitalismo. Por exemplo, ao tratar de como distribuir a produção da riqueza oriunda do trabalho cotidiano de bilhões de pessoas, os técnicos da economia, em geral, não problematizam o sistema como um todo e assim julgam "natural" e "conveniente" que as riquezas e os meios de produção permaneçam altamente concentrados em menos de 1% da população.

Além disso, outras questões óbvias ficam ignoradas, como por exemplo: por que o aumento de tecnologia e produtividade somente tem levado a extensão e intensificação da jornada de trabalho nas últimas décadas? Por que o aumento da riqueza *per capita* nas últimas décadas levou ao aumento da desigualdade e a redução salarial? Se o nível de trabalho permanece estável ou aumenta não seria óbvio supor que as consequências fossem o exato oposto (jornadas menores ou menos intensas e menos desigualdade)? Responder a tais perguntas apenas a partir da ideia de que o consumo cresceu em termos qualitativos e quantitativos é ignorar que nesse período houve a queda da qualidade de vida em vários aspectos, em especial no campo das relações de trabalho.

Sem avançarmos mais nessas digressões, queremos enfatizar que a tecnocracia contemporânea tem estabelecido aos Estados uma determinada pauta política a ser adotada pelo Poder Executivo, Legislativo ou Judiciário, sendo que tal lógica tem sido reforçada pelos grandes meios de comunicação em massa, que adotando o discurso da "competência técnica", afirmam como inevitável tal caminho.

Assim, Estados e organizações internacionais, atrelados aos grupos capitalistas, vão compelindo outros Estados por meio da intervenção direta (conflito militar) ou de ações indiretas – corte de financiamentos, refluxo de capitais, retaliações e sanções comerciais etc. – a conduzir sua política interna, sobretudo a macroeconômica, em um determinado sentido, de modo a garantir, sobretudo, que credores nacionais e internacionais, especialmente os ligados ao capital financeiro, não tenham seus interesses prejudicados (importante ressalvar que não existe um movimento organizado mesmo entre as forças ligadas ao capital, pois além do confronto entre capital, trabalho e agentes estatais, o próprio capital não é um todo homogêneo, existe um conjunto de frações que levam a disputas entre o capital nacional e internacional, o capital "produtivo" e o financeiro etc.).

Por fim, é preciso destacar algumas particularidades na dinâmica político-jurídica interestatal. Assim como no capitalismo, a relação entre particulares se estrutura a partir do direito interno e do Estado soberano, no plano internacional a relação entre grupos particulares e Estados também encontra-se estruturada a partir de uma forma jurídica, contudo, neste caso, temos o direito internacional e as organizações internacionais. A diferença fundamental aqui é a ausência de um poder soberano superior a todos os Estados, ou seja, de um ente dotado do monopólio da força.

Justamente a instabilidade trazida pela ausência de um núcleo centralizador de poder faz com que no nível internacional se reproduza a separação entre economia e política existente no nível interno (ambiente no qual a forma jurídica aparece mediando as relações entre os sujeitos particulares). Como dito, se não há um ente superior realizando a medição das relações entre Estados na ordem internacional, é necessário que um Estado – ou um bloco deles – seja o responsável por realizar o movimento coercitivo em prol do cumprimento do direito. Não é difícil notar dois problemas decorrentes desse cenário: (i) ainda que os Estados sejam formalmente iguais, aqueles que são materialmente mais poderosos (sobretudo militarmente), têm condições de desempenhar de modo mais eficiente a coerção ou resistir a ela, gerando um quadro de assimetria nas relações; (ii) como consequência, grupos capitalistas dos países mais poderosos se favorecem nessa relação de poder desigual existente.

A assimetria de poder entre Estados, contudo, não gera um ambiente não jurídico, pelo contrário, os Estados, inclusive os mais poderosos, insistem sempre na necessidade de se respeitar o direito internacional, pois, como dito, o direito não é um conjunto de normas abstratas, mas um conjunto de relações sócias próprias do circuito de trocas mercantis. Como tal circuito existe em nível mundial, as relações sociais nesse nível estão igualmente estruturadas pela forma jurídica, não obstante não haver um núcleo de poder centralizado neste caso (como dito, Estados ou organizações internacionais procuram desempenhar esse papel e, portanto, surge, nesse contexto, as práticas imperialistas mencionadas anteriormente). Para melhor compreensão desse tema, sugerimos a leitura dos textos do professor Luiz

Felipe Osório, de modo que destacamos algumas de suas ideias que nos ajudam nesse sentido.

Estado na ordem capitalista internacional
*Luiz Felipe Osório**

O capitalismo constitui-se em sua forma mais desenvolvida no sistema internacional. O mercado mundial é o âmbito de manifestação mais alargada do capitalismo. É a arena que capta os fenômenos capitalistas por completo. É a base e a atmosfera de vida do modo de produção capitalista. Logo, estudar o Estado e o capitalismo sem adentrar nas questões internacionais, é como tocar o violino com apenas uma das mãos. O Estado capitalista não surge isoladamente, mas em coletivo, enquanto um sistema de Estados, sendo essa multiplicidade um traço estrutural do capitalismo. O espaço geográfico do capital não é o das fronteiras estatais, senão o internacional. Portanto, o imperialismo somente pode ser debatido por um viés atento à estrutura e à dinâmica do capitalismo global e do sistema de Estados. Para que não se incorra no deslize de generalizar situações históricas específicas ou aspectos meramente empíricos, é preciso entender que as conjunturas mutáveis que influenciaram nas concepções expostas estão alicerçadas em bases estruturais. É com fulcro nessa concepção materialista que se pode derivar as categorias que são próprias e inerentes ao âmbito internacional, como seus dois elementos estruturais: a acumulação capitalista, portadora de crises e contradições; e a forma política específica do capitalismo, a organização política em uma coletividade

---

* OSÓRIO, Luiz Felipe. *Imperialismo, Estado e relações internacionais*. São Paulo: Ideias & Letras, 2018, p. 260-262.

de Estados, individualizados e particularizados, que se põem em relação de concorrência permanente.

Com efeito, a forma política capitalista toma molde de Estado-nação, em um ambiente de múltiplos atores congêneres. Logo, a discussão sobre a forma política capitalista toca o Estado enquanto aparato de dominação de classe e como aparato de competição entre segmentos das burguesias. O Estado no capitalismo é moldado na lógica do capital (em uma relação factual contraditória), sendo despótico em relação a seus sujeitos (nacionais), e competitivo, e imerso na anarquia, em meio a seus rivais (congêneres estatais). Essa forma política concreta expressa que o Estado capitalista não está acima e fora das relações capitalistas de produção, mas é decorrência direta delas. O capitalismo é anarquicamente ingovernável (não há um centro nevrálgico de comando que guie seus rumos). Nenhum centro ou instituição irá controlá-lo. Suas generalidades são resultado das relações anárquicas de competição entre os capitais em disputa. Logo, a totalidade social capitalista do sistema internacional é lastreada na violência, no conflito, na concorrência e nos antagonismos. O imperialismo concretiza-se e imiscui-se nas relações internacionais pela hierarquização dos espaços políticos e econômicos pelo mundo.

Irrompendo eras ou fases, o imperialismo ganha especificidade no capitalismo, estruturando-se em torno da dinâmica de acumulação, portadora de crises, e da organização política internacional em uma multiplicidade de Estados, mantendo-se e remodelando-se ao sabor das transformações na reprodução capitalista. Se no cenário internacional o capitalismo manifesta-se em sua plenitude, o imperialismo é o marco estrutural constitutivo do capitalismo, compreendendo

> um processo complexo e contraditório de valorização de capital e de luta de classes, que não pode ser entendido sem as suas características relações de forças político-sociais, que se dão particularizadas em fronteiras nacionais, como também, e principalmente, no espaço mundial. Desse modo, cabe enfatizar que o imperialismo não se apresenta como um mero desdobramento econômico ou político, mas é a materialização da forma política do capitalismo, como desdobramento das relações sociais concretas no terreno mundial do capital.
>
> Em suma, na cena hodierna, em meio ao acirramento das contradições via desconstituições das miragens modernizantes do capitalismo pós-fordista, é premente revisitar o conceito de imperialismo, retomando sua grandeza, o que não é uma tarefa simples, mas demanda a assunção de uma postura teórica e prática, que impulsione o leitor para a fuga do conforto das certezas. [...]

5.5 Tecnologias digitais globais e Estado

Conforme apontamos em capítulos anteriores, o advento do capitalismo foi decisivo para que a forma moderna do Estado se consolidasse, sobretudo a partir da Revolução Industrial, que engendrou uma reorganização profunda das relações sociais, políticas e econômicas. O Estado moderno assumiu uma forma jurídica original e a função de organização de um modo de produção até então inédito. Ademais, tornando-se soberano em vastos territórios nacionais, passou a promover a regulação e a infraestrutura indispensáveis para o predomínio e desenvolvimento do modo de produção capitalista em nível global.

O século XXI, por sua vez, inaugurou uma nova etapa dessa história com a chamada "Quarta Revolução Industrial", caracterizada pela convergência de tecnologias digitais, físicas e biológicas. Nesse contexto, a cibernética, a inteligência artificial, a robótica, a nanotecnologia e, sobretudo, a rede mundial de computadores (*Internet*), alteraram profundamente os fluxos de informação, o funcionamento das instituições e os próprios modos de comunicação social.

A internet, inicialmente pensada como um ambiente descentralizado e livre, rapidamente se estruturou sob a hegemonia de um oligopólio de grandes corporações transnacionais conhecidas como *Big Techs*, que passaram a atuar como novos vetores de poder global. Dentre essas empresas, destacam-se o *Google* (proprietário do *YouTube* e do buscador *Google*), a *Meta* (proprietária do *Facebook*, *Instagram* e *WhatsApp*) e a *X Corp.* (anteriormente *Twitter*). Essas corporações tornaram-se não apenas gestoras das principais plataformas de comunicação digital, mas também os principais canais por onde circulam dados, inclusive pessoais, opiniões públicas, campanhas políticas e mobilizações sociais.

Assim, a comunicação, antes relativamente mediada por mecanismos institucionais e profissionais, passou a ocorrer de forma algorítmica, influenciada por interesses diversos, sobretudo comerciais, e com baixa transparência. Os algoritmos, por sua vez, definem o que é visível ou invisível, promovendo certas pautas e silenciando outras, o que influencia diretamente a formação da opinião pública e a dinâmica política. Além disso, tem se tornado um desafio global responsabilizar as plataformas digitais pelos efeitos de suas decisões algorítmicas e pela ausência de mecanismos eficazes de moderação de conteúdo, o que dificulta a prevenção de abusos e violências, bem como a contenção de danos sociais, políticos, econômicos e eleitorais. A falta de responsabilização adequada tem contribuído para a recorrência de episódios de manipulação de informação, incitação à violência e interferência em processos eleitorais e movimentações políticas, evidenciando a necessidade de marcos regulatórios mais robustos e coordenados internacionalmente.

Se num primeiro momento a internet parecia promover uma descentralização da produção de conteúdo e democratização do acesso à informação, dois fenômenos passaram a evidenciar seus efeitos deletérios: a disseminação das *fake news* e a ocorrência das chamadas *shitstorms*. As fake news consistem na propagação deliberada de informações sabidamente fraudulentas (objetivamente falsas ou distorcidas) com a finalidade de manipular opiniões, deslegitimar adversários ou influenciar decisões políticas e eleitorais. Já as *shitstorms* referem-se a tempestades de indignação coletiva nas redes sociais, muitas vezes articuladas artificialmente, que produzem um ambiente de agressividade, intolerância e linchamento virtual. Ambos os fenômenos têm sido utilizados como estratégias políticas, principalmente por grupos que buscam enfraquecer o debate público racional, realizar golpes de Estado e atacar direitos humanos, mais ainda de grupos minoritários e historicamente oprimidos.

Um dos aspectos mais graves desse cenário é o uso sistemático do discurso de ódio e da retórica neofascista como estratégias político-eleitorais. Narrativas que promovem o racismo, a misoginia, a LGBTfobia, a xenofobia etc. ganham visibilidade nas redes e são instrumentalizadas por líderes políticos e movimentos de extremistas. Ao explorar sentimentos de medo, ressentimento e exclusão, essas estratégias buscam mobilizar emocionalmente parcelas da população, desviando o foco do debate racional sobre políticas públicas e direitos sociais. Em alguns contextos, o discurso neofascista deixa de ser periférico e se institucionaliza, interferindo diretamente nas pautas legislativas e nas estruturas de governo, ampliando o desmonte das poucas garantias democráticas conquistadas e promovendo um ambiente de autoritarismo disfarçado de ordem moral. Não raro, esses discursos instrumentalizam politicamente a fé religiosa e se articulam com o negacionismo científico, criando uma nova gramática política baseada na desinformação, no ressentimento e na intolerância.

Nesse novo cenário, as *Big Techs*, anteriormente mencionadas, reconfiguraram a sociabilidade e a comunicação profundamente, pois há agora um conjunto reduzido de empresas privadas com poder de alcance global, que controlam os fluxos comunicacionais em escala planetária, com capacidade de influenciar afetos, comportamentos e escolhas políticas em diversos países. Esse poder é exercido com alta opacidade, sem transparência adequada e com regulação incipiente na maioria dos países. Como dito, a Internet surgiu como a promessa de democratizar e descentralizar a comunicação criando um modelo distinto daquele que existiu em séculos anteriores, em que os meios de comunicação estavam submetidos a marcos regulatórios nacionais e às elites econômicas locais. No século XXI, porém, formou-se uma hegemonia comunicacional transnacional ainda mais restrita e difícil de ser enfrentada pelos Estados. Além disso, o modelo de negócios baseado na atenção e na vigilância permanente cria incentivos para a radicalização, polarização e viralização de conteúdos extremos.

A questão se torna ainda mais complexa diante do avanço da inteligência artificial generativa e de outras tecnologias digitais que, associadas, possibilitaram massificar a produção de áudios, vídeos e imagens falsos, mas com elevado grau de verossimilhança (*deepfakes*). O potencial de uso dessas tecnologias para fraudes, manipulações e desinformação torna-se um risco real para o funcionamento das instituições políticas contemporâneas, já fragilizadas por polarizações, desigualdades e crises institucionais. A produção de deepfakes, por exemplo, desafia os limites entre verdade e falsidade, entre o real e o simulado, comprometendo a possibilidade de deliberação racional e informada. A arquitetura digital, portanto, contribui para a dissolução dos critérios de verdade e para a erosão da confiança nas instituições, nos veículos jornalísticos e até mesmo nas interações interpessoais.

Nesse sentido, o enfrentamento dessa nova configuração comunicacional e tecnológica torna-se um desafio prioritário para os Estados que buscam preservar valores democráticos e direitos fundamentais. A regulação das plataformas, a responsabilização das corporações digitais e o desenvolvimento de políticas públicas voltadas à educação digital e à inclusão tecnológica são medidas urgentes e imprescindíveis. Trata-se de assegurar que o uso das tecnologias digitais seja compatível com a promoção da liberdade de expressão, da democracia, da pluralidade e dos direitos humanos, sob pena de permitir que a comunicação do século XXI seja monopolizada por interesses privados globais, em detrimento do interesse público e da soberania popular. É necessário, além disso, fomentar uma cidadania digital crítica, que permita à população compreender os mecanismos de funcionamento das tecnologias e resistir à sua captura ideológica e afetiva. Somente por meio da ruptura do oligopólio transnacional das Big *Techs* e de uma atuação coordenada entre Estado, sociedade civil e organismos internacionais será possível enfrentar os desafios colocados por esse novo ecossistema tecnológico e comunicacional.

Indicações de leitura:

GALEANO, Eduardo. *Veias abertas da América Latina*. São Paulo: L&PM Pocket, 2010.

KLEIN, Naomi. *Doutrina do choque*: ascensão do capitalismo do desastre. Rio de Janeiro: Nova Fronteira, 2008.

OSÓRIO, Luiz Felipe. *Imperialismo, estado e relações internacionais*. São Paulo: Ideias & Letras, 2018.

REFERÊNCIAS

ALMEIDA, Renato Ribeiro de. *Direito Eleitoral*. 2ª ed. São Paulo: Quartier Latin, 2019.

_____. Interesses Partidários, Personalismo, Fisiologia e Direito Parlamentar. *Revista Científica Virtual da Escola Superior de Advocacia da OAB-SP*. São Paulo: OAB/SP, n. 14. Disponível em: <http://www.esaoabsp.edu.br/ckfinder/userfiles/files/RevistaVirtual/REVISTA14.pdf>. Acesso em: 06 dez. 2017.

ALMEIDA, Silvio Luiz. *O direito no jovem Lukács*: a filosofia do direito em História e Consciência de Classe. São Paulo: Alfa-Ômega, 2006.

_____. *Racismo estrutural*. São Paulo: Jandaíra, 2019.

_____. *Racismo*. Enciclopédia jurídica da PUC-SP. Celso Fernandes Campilongo, Alvaro de Azevedo Gonzaga e André Luiz Freire (Coords.). Tomo: Teoria Geral e Filosofia do Direito. Celso Fernandes Campilongo, Alvaro de Azevedo Gonzaga, André Luiz Freire (Coord. de tomo). 1. ed. São Paulo: Pontifícia Universidade Católica de São Paulo, 2017. Disponível em: <https://enciclopediajuridica.pucsp.br/verbete/92/edicao-1/racismo>. Acesso em: 05 nov. 2017.

_____. *Sartre*: direito e política. Ontologia, liberdade e revolução. São Paulo: Boitempo, 2016.

ALONSO, Angela; DOLHNIKOFF, Miriam (Org.). *1964*: do golpe à democracia. São Paulo: Hedra, 2015.

ALTHUSSER, Louis. *Aparelhos ideológicos do Estado*: notas sobre os aparelhos ideológicos do Estado. Rio de Janeiro: Edições Graal, 1985 (Biblioteca de Ciências Sociais, v. 25).

_____. *Pour Marx*. Paris: François Maspero, 1965.

ALTHUSSER, Louis et al. *A polêmica sobre o humanismo*. Lisboa: Presença, s/d.

_____. *Lire le Capital*. Paris: François Maspero, 1965. 2 v.

ARISTÓTELES. *A política*. São Paulo: Martins Fontes, 2000.

BALIBAR, Étienne. *Cinco estudos do materialismo histórico*. Tradução de Elisa Amado Bacelar. Lisboa: Presença, 1975.

BERCOVICI, Gilberto. *Constituição econômica e desenvolvimento*: uma leitura a partir da Constituição de 1988. São Paulo: Malheiros, 2005.

_____. *O poder constituinte do povo no Brasil*: um roteiro de pesquisa sobre a crise constituinte. São Paulo: Lua Nova, n. 88, 2013, p. 305-325.

_____. *Soberania e Constituição*: para uma crítica do constitucionalismo. 2. ed. São Paulo: Quartier Latin, 2013.

BIGNOTTO, Newton. *Origens do republicanismo moderno*. Belo Horizonte: Humanistas, 2001.

BOBBIO, Norberto. *A era dos direitos*. 9. ed. São Paulo: Elsevier, 2004.

BOBBIO, Norberto; MATTEUCCI, Nicola; PASQUINO, Gianfranco. *Dicionário de política*. 11. ed. São Paulo: Editora UNB - Imprensa Oficial, 1998.

BODIN, Jean. *Os seis livros da República*. São Paulo: Ícone, 2017.

BONAVIDES, Paulo. *Ciência Política*. 22 ed. São Paulo: Malheiros, 2015.

BRAGA, Claudio Mendonça. *Partidos políticos e federação*. São Paulo: Verbatim, 2012.

CALDAS, Camilo Onoda; ALMEIDA, Silvio Luiz de. "Estado e conflito no pós-fordismo: a ascensão do neoconservadorismo". MINHOTO, Antonio Celso Baeta; SERRANO, Pedro Estevam Alves Pinto (Org.). *Democracia em Tempos de Fúria: Brasil 2013-2018*. São Paulo: Max Limonad, 2018.

CALDAS, Camilo Onoda; D'AVILA, Manuela Pinto Vieira; ESPINDULA, Brenda de Fraga Espindula. et al. (Coord.) "Relatório de Recomendações para o Enfrentamento do Discurso de Ódio e o Extremismo no Brasil". 1. ed. Brasília: Ministério dos Direitos Humanos e da Cidadania, 2023. Disponível em: https://www.gov.br/mdh/pt-br/assuntos/noticias/2023/julho/mdhc-entrega-relatorio-com-propostas-para-enfrentar-o-discurso-de-odio-e-o-extremismo-no-brasil/RelatrioGTdioeExtremismosDigital_30.06.23.pdf.

CALDAS, Camilo Onoda; MERINO; Lucila T.; ALMEIDA, Silvio Luiz de; BARBOSA JR., Silvio M. B. *Manual de Metodologia do Direito: Estudo e Pesquisa*. São Paulo: Quartier Latin, 2010.

CALDAS, Camilo Onoda; CALDAS, Pedro Neris. "Estado, democracia e tecnologia: conflitos políticos no contexto do big-data, das fake news e das shitstorms. Perspectivas em Ciência da Informação" [S. l.], v. 24, n. 2, p. 196–220, 2019. Disponível em: https://periodicos.ufmg.br/index.php/pci/article/view/22624.

CALDAS, Camilo Onoda; PEREIRA, Luiz Ismael. "O fenômeno Shitstorm: Internet, intolerância e violação de direitos humanos. Interfaces Científicas - Humanas e Sociais" [S. l.], v. 6, n. 1, p. 123–134, 2017. Disponível em: https://periodicos.set.edu.br/humanas/article/view/3540.

CALDAS, Camilo Onoda. *A teoria da derivação do Estado e do direito*. 2. ed. São Paulo: Contracorrente, 2021.

_____. *Perspectivas para o direito e a cidadania: pensamento jurídico de Cerroni e o marxismo*. 2. ed. São Paulo: Alfa-Ômega, 2016.

CALDAS, Camilo Onoda. "Liberdade política como direito fundamental na perspectiva do republicanismo". *Revista Direitos Fundamentais & Democracia*, [S. l.], v. 22, n. 3, p. 65–83, 2017. DOI: 10.25192/issn.1982-0496.rdfd.v22i3923. Disponível em: https://revistaeletronicardfd.unibrasil.com.br/index.php/rdfd/article/view/923.

CARNOY, Martin. *Estado e teoria política*. 16. ed. São Paulo: Papirus, 2011.

CASARA, Rubens. *Estado pós-democrático*: neo-obscurantismo e gestão dos indesejáveis. Rio de Janeiro: Civilização brasileira, 2017.

CERRONI, Umberto. *O pensamento jurídico soviético*. Póvoa de Varzim: Publicações Europa-América, 1976.

_____. *Política*: métodos, teorias, processos, sujeitos, instituições e categorias. São Paulo: Brasiliense, 1993.

_____. *Teoria política e socialismo*. Mira Sintra – Mem Martins: Publicações Europa-América, 1976.

CHAUI, Marilena. *Introdução à história da filosofia*. V. 1. São Paulo: Companhia das Letras, 2005.

CÍCERO, Marco Túlio. *Da República*. Bauru: Edipro, 1995.

CODATO, Adriano; PERISSINOTO, Renato. *Marxismo como ciência social*. Curitiba: UFPR, 2011.

COMPARATO, Fábio Konder. *A oligarquia brasileira*: visão histórica. São Paulo: ContraCorrente, 2017.

DALLARI, Dalmo de Abreu. *Elementos de Teoria Geral do Estado*. 24. ed. São Paulo: Saraiva, 2003.

DAVID, René. *Os grandes sistemas do direito contemporâneo*. São Paulo: Martins Fontes, 1996.

DEVULSKY TISESCU, Alessandra. *Edelman*: althusserianismo, direito e política. São Paulo: Alfa-Ômega, 2011.

DIMITRI, Dimoulis; MARTINS, Leonardo. *Teoria geral dos direitos fundamentais*. São Paulo: Editora Revista dos Tribunais, 2007.

DYMETMAN, Annie. *Uma arquitetura da indiferença*: a República de Weimar. São Paulo: Perspectiva, 2002.
ENGELS, Friedrich. *Anti-Dühring*. Disponível em: <http://www.marxists.org/archive/marx/works/1877/anti-duhring/ch24.htm>. Acesso em: 05 maio 2011.
_____. *A origem da família, da propriedade privada e do Estado*. Tradução de L. Konder. 14. ed. Rio de Janeiro: Bertrand Brasil, 1997.
_____. *A situação da classe trabalhadora na Inglaterra*. Tradução de B. A. Schumann. São Paulo: Boitempo, 2008.
FOUCAULT, Michel. *A verdade e as formas jurídicas*. Rio de Janeiro: Nau Editora, 2003.
_____. *Microfísica do poder*. Rio de Janeiro: Graal, 2006.
_____. *Vigiar e punir*. Petrópolis: Vozes, 1999.
GALEANO, Eduardo. *Veias abertas da América Latina*. São Paulo: L&PM Pocket, 2010.
GIDDENS, Anthony. *A constituição da sociedade*. 3. ed. São Paulo: Martins Fontes, 2009.
GONZAGA, Álvaro de Azevedo; DE CICCO, Claudio. Teoria Geral do Estado e Ciência Política. 6. ed. São Paulo: Editora Revista Dos Tribunais, 2015.
GRAMSCI, Antonio. *Cadernos do cárcere*. Rio de Janeiro: Civilização Brasileira, 2001 (3 v.).
GRILLO, Marcelo Gomes Franco. *Direito processual e capitalismo*. São Paulo: Outras Expressões, 2017.
_____. *O direito na filosofia de Slavoj Zizek*: perspectivas para o pensamento jurídico crítico. São Paulo: Alfa-Ômega, 2011.
HABERMAS, Jürgen. *Direito e democracia*: entre facticidade e validade. Rio de Janeiro: Tempo Brasileiro, 1997 (2 v.).
_____. *Mudança estrutural da esfera pública*. Rio de Janeiro: Tempo Brasileiro, 1984.
_____. *O discurso filosófico da modernidade*. Lisboa: Dom Quixote, 1990.

HIRSCH, Joachim. *Teoria materialista do Estado*. São Paulo: Revan, 2010.

_____. *O fim da democracia liberal*. Disponível em: <http://www.fmauriciograbois.org.br/portal/noticia.php?id_sessao=8&id_noticia=11841>. Acesso em: 01 nov. 2013.

HEGEL, G. W. F. *Princípios da filosofia do direito*. São Paulo: Martins Fontes, 2000.

_____. *Sobre as maneiras científicas de tratar o direito natural*. São Paulo: Loyola, 2007.

HEIDEGGER, Martin. *Ensaios e conferências*. Petrópolis: Vozes, 2002.

_____. *Ser e tempo*. Petrópolis: Vozes, 1997 (2 v.).

HOBBES, Thomas. *Do cidadão*. São Paulo: Martins Fontes, 2002.

_____. *Leviatã*. São Paulo: Martins Fontes, 2008.

HOLLOWAY, John; PICCIOTTO, Sol. *State and capital*: a marxist debate. Londres: Edward Arnold, 1978.

JELLINEK, Georg. *Teoria General del Estado*. México: Fondo de Cultura Económica, 2000.

JESSOP, Bob. *State power*: a strategic-relational approach. Polity Press: Cambridge, 2008.

_____. *State theory*: putting the capitalist State in its place. 1. reimp. Polity Press: Cambridge, 1996.

KANT, Immanuel. *A paz perpétua e outros opúsculos*. Lisboa: Edições 70, 1992.

_____. *A metafísica dos costumes*. São Paulo: Edipro, 2003.

KASHIURA JR., Celso Naoto. Apontamentos para uma crítica marxista da subjetividade moral e da subjetividade jurídica. In: KASHIURA JR., Celso Naoto; AKAMINE JR., Oswaldo; MELO, Tarso de (Orgs.). *Para a crítica do direito*: reflexões sobre teorias e práticas jurídicas. 1. ed. São Paulo: Outras Expressões; Dobra Universitário, 2015, p. 63-98.

_____. *Crítica da igualdade jurídica*: contribuição ao pensamento jurídico marxista. São Paulo: Quartier Latin, 2009.

KASHIURA JR., Celso Naoto. *Sujeito de direito e capitalismo*. São Paulo: Outras Expressões; Dobra Universitário, 2014.
KELSEN, Hans. *Teoria geral do direito e do Estado*. 3. ed. São Paulo: Martins Fontes, 1998.
_____. *Teoria pura do direito*. São Paulo: Martins Fontes, 2006.
KLEIN, Naomi. *Doutrina do choque*: ascensão do capitalismo do desastre. Rio de Janeiro: Nova Fronteira, 2008.
LENIN, Vladmir I. *Estado e revolução*: a revolução proletária e o renegado Kautsky. São Paulo: Sundermann, 2005.
LOCKE, John. *Segundo tratado sobre o governo*. Tradução de E. Jacy Monteiro. São Paulo: Abril Cultural, 1978 (Coleção Os Pensadores).
_____. *Ensaios políticos*. São Paulo: Martins Fontes, 2007.
LUKÁCS, György. *História e consciência de classes*: estudos sobre a dialética marxista. São Paulo: Martins Fontes, 2003.
_____. *Para uma ontologia do ser social I e II*. Tradução de Carlos Nelson Coutinho et al. São Paulo: Boitempo, 2012 e 2013.
LUHMAN, Niklas. *Sociologia do direito*. Rio de Janeiro: Tempo brasileiro, 1983 e 1985 (2 v.).
MAMAN, Jeannette Antonios. *Fenomenologia existencial do direito*. São Paulo: Quartier Latin, 2003.
MAQUIAVEL. *Discursos sobre a primeira década de Tito Lívio*. São Paulo: Martins Fontes, 2007.
_____. *O príncipe*. São Paulo: Revista dos Tribunais, 2008.
MARTINS, Rui Cunha. *O ponto cego do direito*: the brazilian lessons. 3. ed. São Paulo: Atlas, 2013.
MARTORANO, Luciano Cavini. *A burocracia e os desafios da transição socialista*. São Paulo: Anita Garibaldi, 2002.
MARX, Karl. *Crítica da filosofia do direito de Hegel*. 2. ed. São Paulo: Boitempo, 2010.
_____. Para a crítica da economia política. In: GIANNOTI, José Arthur (Org.). *Marx*. São Paulo: Abril Cultural, 1974 (Coleção Os Pensadores, v. XXXV).

MARX, Karl. *O capital*: crítica da economia política. Livro I: o processo da circulação do capital. Tradução de Rubens Enderle. São Paulo: Boitempo, 2013.

_____. *O capital*: crítica da economia política. Livro 2: o processo de produção do capital. Tradução de Rubens Enderle. São Paulo: Boitempo, 2014.

_____. *O capital*. Livro 3. V. 4. São Paulo: Civilização Brasileira, 2008.

_____. *O capital*: Livro 3. V. 5. São Paulo: Civilização Brasileira, 2008.

_____. Para a crítica da economia política. In: GIANNOTI, José Arthur (Org.). *Marx*. Tradução de José Arthur Giannotti e Edgard Malagodi. São Paulo: Abril Cultural, 1974 (Coleção Os Pensadores, v. XXXV).

_____. *Para a crítica da economia política*: manuscrito de 1861-1863 (cadernos I a V): terceiro capítulo: o capital em geral. Tradução de Leonardo de Deus. Belo Horizonte: Autêntica, 2010 (Economia Política e Sociedade, v. 1).

MARX, Karl; ENGELS, Friedrich. *A ideologia alemã*. Tradução de Rubens Enderle, Nélio Schneider e Luciano Cavini Martorano. São Paulo: Boitempo Editorial, 2007.

MARX, Karl; ENGELS, Friedrich. *Manifesto Comunista (1848)*. Org.: Osvaldo Coggiola. São Paulo: Boitempo, 1998.

MASCARO, Alysson Leandro. *Crítica do Fascismo*. São Paulo: Boitempo, 2022.

_____. *Estado e Forma Política*. São Paulo: Boitempo, 2013.

_____. *Filosofia do Direito*. 9. ed. São Paulo: Atlas, 2021.

_____. "Formas sociais, derivação e conformação". Revista *Debates*, [S. l.], v. 13, n. 1, p. 5–16, 2019. DOI: 10.22456/1982-5269.89435. Disponível em: https://seer.ufrgs.br/index.php/debates/article/view/89435.

_____. *Introdução ao Estudo do Direito*. 8. ed. São Paulo: Atlas, 2021.

MBEMBE, Achille. *Políticas da inimizade*. Lisboa: Antigona, 2017.

MÉSZÁROS, István. *A teoria da alienação em Marx*. São Paulo: Boitempo, 2006.

MIAILLE, Michel. *Introdução crítica ao direito*. Tradução de A. Prata. 2. ed. Lisboa: Estampa, 1994.

MILTON, John. *A defense of the people of England*: in answer to Salmasius' defense of the King. 1692. Disponível em: <http://www.constitution.org/milton/first_defence.htm>. Acesso em: 17 maio 2016.

MONTESQUIEU. *O espírito das leis*. São Paulo: Martins Fontes, 2000.

NAKATAMI, Paulo. Estado e acumulação do capital: discussão sobre a teoria da derivação. *Análise econômica*, ano 5, n. 8, p. 35-64, mar. 1987. Disponível em: <http://seer.ufrgs.br/AnaliseEconomica/article/view/10261/5999>. Acesso em: 19 ago. 2011.

NAVES, Márcio Bilharinho. *A democracia e seu não lugar*. Campinas: Ideias – Unicamp, n. 1, v. 1, 1º semestre de 2010, p. 61-70.

_____. *A questão do direito em Marx*. São Paulo: Outras Expressões; Dobra Universitário, 2014.

_____. *Marxismo e direito*: um estudo sobre Pachukanis. 1. ed. São Paulo: Boitempo, 2000.

OLIVEIRA, Marcos Alcyr Brito de. *Sujeito de direito e marxismo*: da crítica humanista à crítica anti-humanista. São Paulo: Alfa-Ômega, 2017.

OSÓRIO, Luiz Felipe. *Imperialismo, Estado e relações internacionais*. São Paulo: Ideias & Letras, 2018.

PACHUKANIS, Evguiéni B. *Teoria geral do direito e marxismo*. São Paulo: Boitempo, 2017.

PEREIRA, Luiz Ismael. Teoria latino-americana do Estado: a insuficiência do modelo democrático e críticas. *Revista eletrônica direito e política*. Itajaí: UNIVALI, 2013, vol. 8, n. 1.

PICCIOTTO, Sol. The theory of the state, class struggle and the rule of law. In: FINE, Bob et al. (Eds.). *Capitalism and the rule of law:* from deviancy theory to marxism. Londres: Hutchinson, 1979.

PIOVESAN, Flávia. *Direitos Humanos e o Direito Constitucional Internacional.* 8. ed. São Paulo: Saraiva, 2013.

PLATÃO. *A República.* São Paulo: Nova Cultural, 1997.

PLATÃO. *As leis.* Bauru: Edipro, 1999.

POULANTZAS, Nicos. *O Estado, o poder, o socialismo.* São Paulo: Graal, 2000.

_____. *Poder político e classes sociais.* São Paulo: Martins Fontes, 1977.

RANIERI, Nina Beatriz Stocco. *Teoria do Estado:* do Estado de Direito ao Estado Democrático de Direito. Barueri: Manole, 2013.

RAMOS, André de Carvalho. *Curso de Direitos Humanos.* 2. ed. São Paulo: Saraiva, 2014.

REALE, Miguel. *Teoria do Direito e do Estado.* 5. ed. São Paulo: Saraiva, 2000.

_____. *Filosofia do direito.* São Paulo: Saraiva, 2002.

ROUSSEAU, Jean-Jacques. *Discurso sobre a origem e os fundamentos da desigualdade entre os homens.* São Paulo: Martins Fontes, 2005.

_____. *O contrato social:* princípios do direito político. São Paulo: Martins Fontes, 2006.

SCHMITT, Carl. *O conceito do político e teoria do Partisan.* Belo Horizonte: Del Rey, 2009.

_____. *O guardião da Constituição.* Belo Horizonte: Del Rey, 2007.

_____. *Teologia política.* Belo Horizonte: Del Rey, 2006.

STALIN, Joseph. *Fundamentos do Leninismo.* São Paulo: Global, [s.d.] (Coleção Bases, v. 33).

_____. *Sobre os fundamentos do leninismo.* Disponível em: <https://www.marxists.org/portugues/stalin/1924/leninismo/cap04.htm>. Acesso em: 16 maio 2016.

Teoria geral do Estado | 195

SAN Francisco Bay Area *Kapitalistate* Group. *Kapitalistate*: the working papers on the capital state. Gaiganz/Ofr. *(Bundesrepublik Deutschland)*: Politladen Erlangen, 1973-1983. Disponível em: <https://www.ssc.wisc.edu/~wright/kapitalistate.htm>. Acesso em: 16 maio 2016.

THWAITES REY, Mabel (Org.). *Estado y marxismo*: un siglo y medio de debates. Buenos Aires: Prometeo libros, 2007.

THÉVENIN, Nicole-Édith. Ideologia jurídica e ideologia burguesa: (ideologia e práticas artísticas). In: NAVES, Márcio Bilharinho (Org.). *Presença de Althusser*. Campinas, SP: Unicamp/IFCH, 2010 (Coleção Ideias, v. 9).

TRINDADE, José Damião de Lima. *História social dos direitos humanos*. 3. ed. São. Paulo: Peirópolis, 2011.

_____. *Os direitos humanos na perspectiva de Marx e Engels*. São Paulo: Alfa-Ômega, 2011.

VILLEY, Michel. *A formação do pensamento jurídico moderno*. São Paulo: Martins Fontes, 2005.

WEFFORT, Francisco (Org.). *Os clássicos da política*. São Paulo: Ática, 2000, 2 v.

WILSON, James Q. *Bureaucracy*: what government agencies do and why they do it. New York: Basic Books, 1989.

WOOD, Ellen Meiksins. *Democracia contra o capitalismo e a renovação do materialismo histórico*. São Paulo: Boitempo, 2006.

Esta obra foi composta em sistema CTcP
Capa: Supremo 250 g – Miolo: Pólen Natural 70 g
Impressão e acabamento
Gráfica Santuário